AF626380

Klara Kirschbaum

# Täglich 5 Minuten Lese-Training

Kurze Übungseinheiten für den Unterricht und zu Hause
3.–4. Klasse

PERSEN

**Klara Kirschbaum** studierte in Karlsruhe Lehramt für die Grundschule mit den Fächern Deutsch, Religion und Sachunterricht. Sie absolvierte das Referendariat an einer Grundschule in Köln und arbeitet seitdem in Hamburg.

Wir verwenden in unseren Werken eine genderneutrale Sprache, damit sich alle gleichermaßen angesprochen fühlen. Wenn keine neutrale Formulierung möglich ist, nennen wir die weibliche und die männliche Form. In Fällen, in denen wir aufgrund einer besseren Lesbarkeit nur ein Geschlecht nennen können, achten wir darauf, den unterschiedlichen Geschlechtsidentitäten gleichermaßen gerecht zu werden.

In diesem Werk sind nach dem MarkenG geschützte Marken und sonstige Kennzeichen für eine bessere Lesbarkeit nicht besonders kenntlich gemacht. Es kann also aus dem Fehlen eines entsprechenden Hinweises nicht geschlossen werden, dass es sich um einen freien Warennamen handelt.

5. Auflage 2026
© 2018 PERSEN Verlag, Hamburg

AAP Lehrerwelt GmbH
Veritaskai 3
21079 Hamburg
Telefon: +49 (0) 40325083-040
E-Mail: info@lehrerwelt.de
Geschäftsführung: Andrea Fischer, Sandra Saghbazarian
USt-ID: DE 173 77 61 42
Register: AG Hamburg HRB/126335
Alle Rechte vorbehalten.

Das Werk als Ganzes sowie in seinen Teilen unterliegt dem deutschen Urheberrecht. Die Erwerbenden einer Einzellizenz des Werkes sind berechtigt, das Werk als Ganzes oder in seinen Teilen für den eigenen Gebrauch und den Einsatz im eigenen Präsenz- wie auch dem Distanzunterricht zu nutzen. Produkte, die aufgrund ihres Bestimmungszweckes zur Vervielfältigung und Weitergabe zu Unterrichtszwecken gedacht sind (insbesondere Kopiervorlagen und Arbeitsblätter), dürfen zu Unterrichtszwecken vervielfältigt und weitergegeben werden.

Die Nutzung ist nur für den genannten Zweck gestattet, nicht jedoch für einen schulweiten Einsatz und Gebrauch, für die Weiterleitung an Dritte einschließlich weiterer Lehrkräfte, für die Veröffentlichung im Internet oder in (Schul-)Intranets oder einen weiteren kommerziellen Gebrauch. Mit dem Kauf einer Schullizenz ist die Schule berechtigt, die Inhalte durch alle Lehrkräfte des Kollegiums der erwerbenden Schule sowie durch die Schülerinnen und Schüler der Schule und deren Eltern zu nutzen.

Nicht erlaubt ist die Weiterleitung der Inhalte an Lehrkräfte, Schülerinnen und Schüler, Eltern, andere Personen, soziale Netzwerke, Downloaddienste oder Ähnliches außerhalb der eigenen Schule.
Eine über den genannten Zweck hinausgehende Nutzung bedarf in jedem Fall der vorherigen schriftlichen Zustimmung des Verlags. Sind Internetadressen in diesem Werk angegeben, wurden diese vom Verlag sorgfältig geprüft. Da wir auf die externen Seiten weder inhaltliche noch gestalterische Einflussmöglichkeiten haben, können wir nicht garantieren, dass die Inhalte zu einem späteren Zeitpunkt noch dieselben sind wie zum Zeitpunkt der Drucklegung. Der PERSEN Verlag übernimmt deshalb keine Gewähr für die Aktualität und den Inhalt dieser Internetseiten oder solcher, die mit ihnen verlinkt sind, und schließt jegliche Haftung aus.

Die automatisierte Analyse des Werkes, um daraus Informationen insbesondere über Muster, Trends und Korrelationen gemäß § 44b UrhG („Text und Data Mining") zu gewinnen, ist untersagt.

Autorschaft: Klara Kirschbaum
Covergestaltung: TSA&B Werbeagentur GmbH, Hamburg
Coverfoto: PiyawatNandeenoparit via stock.adobe.com (Bücherstapel), Tartila via stock.adobe.com (Faultier)
Illustrationen: Barbara Gerth (Stadtplan, S.25 bearbeitet durch Redaktion Grundschule), Tartila via stock.adobe.com (Faultiersticker), inspiring.team via stock.adobe.com (Eis, S. 25)
Satz: Satzpunkt Ursula Ewert GmbH, Bayreuth
Druck und Bindung: PMLS GmbH & Co. KG, Kassel

ISBN: 978-3-403-20106-9
www.persen.de

# Inhalt

© PERSEN Verlag

# Vorwort und Anmerkungen zur Arbeit mit dem Material

Liebe Lehrkräfte,

mit diesem 5-Minuten-Training können Ihre Schülerinnen und Schüler in kleinen Einheiten das Lesen üben. Ob während der Freiarbeitsphasen, als Hausaufgaben oder wenn die anderen Aufgaben erledigt sind: Die vorliegenden Seiten fördern die Lesekompetenz und ermöglichen den Kindern ein selbstständiges Arbeiten. Für zusätzliche Motivation sorgt das niedliche Faultier Fine, welches die Kinder auf ihrem Lernweg durch das Material begleitet. Wissen die Kinder einmal nicht weiter, hat Fine garantiert einen Rat. Außerdem gibt sie Beispiele, um zu verdeutlichen, wie einzelne Aufgaben gelöst werden können.

Die Seiten sind so aufgebaut, dass sie in der Mitte geteilt und zu einem kleinen Heftchen zusammengebunden werden können. Somit erhält jedes Kind sein eigenes Leseheftchen. Sie können die einzelnen Karteikarten aber auch laminieren und im Freiarbeitsregal allen Kindern zur Verfügung stellen.

Die Aufgaben steigern sich in der Schwierigkeit. Zunächst werden Wörter (z. B. Fremdwörter) behandelt, anschließend Sätze (z. B. Redewendungen) gelesen. Fortgeführt werden die Seiten dann mit Texten, die auch im Schwierigkeitsgrad ansteigen.

Auf Textebene lernen die Kinder im Verlauf des Buches auf motivierende Weise verschiedene Textsorten kennen: von Vorgangsbeschreibungen über Zeitungsberichte, Gedichte, Rätsel und Briefe bis hin zu Sachtexten, Märchen und Fabeln.

Den Abschluss eines jeden Kapitels bildet eine spielerische Lernzielkontrolle, bei der die Kinder wieder einmal in den Alltag von Fine Faultier eintauchen können.

So macht Ihrer Klasse das Lesen Spaß!

Klara Kirschbaum


© PERSEN Verlag

## *Wörter* – Fremdwörter bilden

**Welche Fremdwörter sind hier durcheinandergeraten? Male die zusammengehörigen Silben in derselben Farbe an. Schreibe die Wörter auf.**

fon mis Co Fa brik mic Te

naie sar Kom dy le Porte Han mon

© PERSEN Verlag

## *Wörter* – Fremdwörter bilden

**Welche Fremdwörter sind hier durcheinandergeraten? Male die zusammengehörigen Silben in derselben Farbe an. Schreibe die Wörter auf.**

Ga vous Par Por Dia ra trät Com

pu ge dez ty ter Ren log

© PERSEN Verlag

# *Wörter* – Fremdwörter bilden

**Welche Fremdwörter sind hier durcheinandergeraten? Male die zusammengehörigen Silben in derselben Farbe an. Schreibe die Wörter auf.**

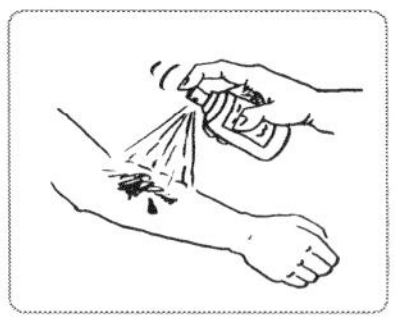

food ti La Cham ser Men in fek Check on

Des tor Junk lis pion te

© PERSEN Verlag

# *Wörter* – Fremdwörter bilden

**Welche Fremdwörter sind hier durcheinandergeraten? Male die zusammengehörigen Silben in derselben Farbe an. Schreibe die Wörter auf.**

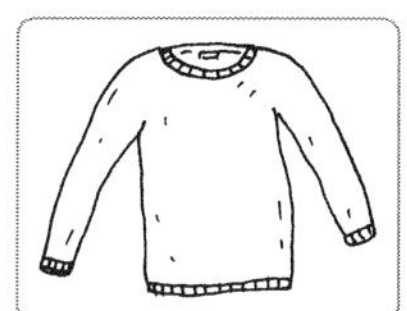

jeans Pul gon Re ße lo me kla

So ver ager Blue Teen Wag



© PERSEN Verlag

# *Wörter* – Fremdwörter definieren

**Welche Bedeutung haben die Fremdwörter? Verbinde.**

| | |
|---|---|
| zappen | eine kurze und meist witzige Geschichte |
| Toleranz | eine kurze und witzige Bühnenaufführung |
| Anekdote | eine Flüssigkeit in einem Behälter, die versprüht wird |
| Spray | mit der Fernbedienung wahllos durch das Fernsehprogramm schalten |
| Sketch | eine Feier, die nach einer vorgeschriebenen Form abläuft |
| Zeremonie | wenn man andere Meinungen und Einstellungen achtet und duldet |

© PERSEN Verlag

# *Wörter* – Fremdwörter definieren

**Welche Bedeutung haben die Fremdwörter? Verbinde.**

| | |
|---|---|
| Autor | ein bestimmtes und modisches Aussehen |
| Film | eine Arbeit, die man macht, um Geld zu verdienen |
| Job | wenn man Wissen, das man gelernt hat, plötzlich vergisst |
| Black-out | Wissen über eine Person, einen Gegenstand oder eine Sache |
| Look | ein Schriftsteller und Verfasser eines Textes |
| Information | eine Rolle aus lichtempfindlichem Kunststoff, auf der Bilder aufgenommen werden können |

© PERSEN Verlag

## Wörter – Fremdwörter definieren

**Welche Bedeutung haben die Fremdwörter? Verbinde.**

| | |
|---|---|
| **salopp** | ein Paar wasserfeste Winterstiefel |
| **Double** | das Herunterladen von Dateien aus dem Internet auf den eigenen Computer |
| **Boots** | ein starkes Angstgefühl, das durch bestimmte Tiere, Dinge oder Situationen ausgelöst wird |
| **Phobie** | in Filmen ersetzt die Person in gefährlichen Situationen den Schauspieler |
| **Download** | eine Bescheinigung darüber, dass man Geld bezahlt hat |
| **Quittung** | wenn etwas zwanglos und locker ist |

© PERSEN Verlag

## Wörter – Fremdwörter definieren

**Welche Bedeutung haben die Fremdwörter? Verbinde.**

| | |
|---|---|
| **Halluzination** | wenn etwas sehr gefährlich ist |
| **Attraktion** | wenn bei einer Denkweise einzelne Schritte sinnvoll aufeinanderfolgen |
| **riskant** | Man glaubt etwas zu sehen, das nicht existiert. |
| **Banause** | der gute und glückliche Ausgang einer Situation |
| **Logik** | jemand, der keinen Sinn für Kunst und Kultur hat |
| **Happy End** | etwas Besonderes, das eine große Anziehungskraft hat |



© PERSEN Verlag

# *Wörter* – Fremdwörter-Schlange

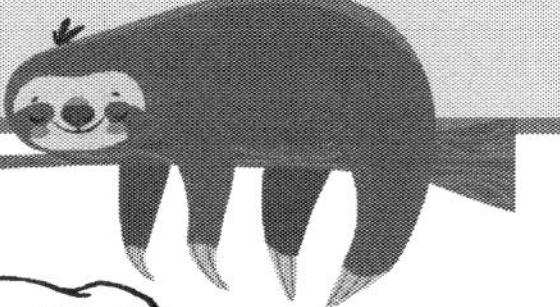

**Welche Wörter liest du? Trenne sie durch einen Strich.**

Pony|shoppencoolHandyChatrelaxensurfenGraffitiCouch

CroissantTalkshowPizzaMountainbikeCheerleaderParty

WorkshopCornflakesShoppingMailPortemonnaievoltigieren

TrainingComputerSkateboardBabyFaszinationChefSneakers

MountainbikeCousinDelfinMikrofonSpaghettiJoghurtPotenzial

© PERSEN Verlag

# *Wörter* – Fremdwörter-Schlange

**Welche Wörter liest du? Trenne sie durch einen Strich.**

Pension|EtagePanoramaAtmosphäreRageRessourcenKomfort

reduziertSouvenirAppartementSaisonsynchronisierenService

TourismuseincheckenStarIngenieurNationPhysikVaseChorfair

HobbyTeamFanTouronlineFriseurClownAktionJournalistShorts

BandAirbagVentilMonteurCharakterContainerKatastrophe

© PERSEN Verlag

## *Wörter* – Spiegelschrift-Fremdwörter

**Kannst du die Wörter in Spiegelschrift lesen? Schreibe sie auf.**

| | | | |
|---|---|---|---|
| Reportage | Reporter | Chemie | |
| automatisch | | Montage | |
| Energie | | Team | |
| Prospekt | | Garage | |
| Konferenz | | reparieren | |
| Infektion | | addieren | |
| trainieren | | Amateur | |

© PERSEN Verlag

## *Wörter* – Spiegelschrift-Fremdwörter

**Kannst du die Wörter in Spiegelschrift lesen? Schreibe sie auf.**

| | | | |
|---|---|---|---|
| Massage | Massage | Zensur | |
| Atmosphäre | | informieren | |
| Konkurrenz | | Expedition | |
| Propaganda | | Experiment | |
| Maschine | | Programm | |
| Operation | | Ingenieur | |
| Republik | | logisch | |

© PERSEN Verlag

# Lernzielkontrolle

**1. Odette Otter ist neu im Wald. Sie lernt gerade die Sprache der Tiere. Fine Faultier übt jeden Tag mir ihr. Heute lernen sie schwierige Wörter: die Fremdwörter. Hilf Fine, die Wörter zu erklären. Kreuze die richtige Erklärung an.**

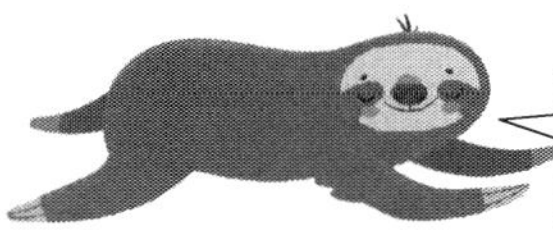

*Kommunizieren ist ...*

- ☐ wenn man einen schlimmen Unfall hat.
- ☐ wenn man ein starkes Angstgefühl hat.
- ☐ wenn man sich miteinander austauscht.

---

*Eine Misere ist ...*

- ☐ eine schöne Überraschung.
- ☐ ein Geschenk.
- ☐ eine Notlage und unglückliche Situation.

---

*Eine Mindmap ist ...*

- ☐ eine schriftliche Sammlung von Gedanken.
- ☐ ein fröhliches Ereignis.
- ☐ eine schlechte Entscheidung.

---

*Eine Illusion ist ...*

- ☐ eine komplizierte Sache oder schlechte Entscheidung.
- ☐ eine Sinnestäuschung oder falsche Wahrnehmung.
- ☐ eine schöne Überraschung, ein Geschenk.

**2. Um noch mehr zu üben, hat Fine ein Fremdwörterrätsel für Odette vorbereitet. Hilf Odette dabei, es zu lösen. Verbinde die Bilder mit den passenden Wörtern. So kannst du das Lösungswort herausfinden.**

**Lösungswort:** _ _ _ _ _ _ _ _
1 2 3 4 5 6 7 8

| E | L | U | I | A | F | T | R |
|---|---|---|---|---|---|---|---|
| **Party** | **Portemonnaie** | **Garage** | **Fabrik** | **Portrait** | **Computer** | **Handy** | **Comic** |

**Super! Dank Fine und dir versteht Odette die anderen Tiere nun schon viel besser!**

© PERSEN Verlag

# *Sätze* – Redensarten

**Welche Bedeutung haben die Redensarten? Verbinde.**

*„Mich laust der Affe" sagt man, wenn man total überrascht von etwas ist. Kannst du die anderen Ausdrücke erklären?*

| | |
|---|---|
| Mich laust der Affe. | wenn du besonders schnell läufst oder fährst |
| Mühsam ernährt sich das Eichhörnchen. | wenn du total überrascht bist |
| einen Drehwurm bekommen | wenn dir vor lauter Drehungen schwindelig wird |
| eine Gänsehaut bekommen | einen besonders großen Hunger haben |
| einen Bärenhunger haben | Deine Haut zieht sich vor Kälte oder Angst zusammen und sieht aus wie die Haut einer Gans. |
| einen Affenzahn draufhaben | wenn etwas besonders lange dauert und mühsam ist |

© PERSEN Verlag

# *Sätze* – Redensarten

**Welche Bedeutung haben die Redensarten? Verbinde.**

| | |
|---|---|
| ein Hasenfuß sein | wenn du z. B. viel gelernt hast, aber trotzdem eine schlechte Note bekommst |
| ein Elefant im Porzellanladen | wenn du viel Pech hast |
| Sei kein Frosch! | wenn du besonders ängstlich bist |
| Weiß der Geier! | wenn du besonders ungeschickt bist und dir Dinge kaputtgehen |
| ein Unglücksrabe sein | Dies kannst du zu jemandem sagen, der kein Spielverderber sein soll. |
| Alles für die Katz! | Dies kannst du sagen, wenn du keine Ahnung von einer Sache hast. |



© PERSEN Verlag

# Sätze – Redensarten

**Welche Bedeutung haben die Redensarten? Verbinde.**

| | |
|---|---|
| Katzenwäsche machen | wenn du besonders langsam läufst oder fährst |
| Das ist ja zum Mäusemelken! | wenn du keine Zeit für eine Dusche hast und dich nur schnell wäschst |
| zwei Fliegen mit einer Klappe schlagen | wenn du besonders ängstlich bist |
| Das geht auf keine Kuhhaut! | wenn du in einer Situation nicht weiterkommst |
| eine lahme Ente sein | wenn viele Dinge gleichzeitig schiefgehen |
| ein Angsthase sein | wenn du zwei Probleme auf einmal lösen kannst |

© PERSEN Verlag

# Sätze – Redensarten

**Welche Bedeutung haben die Redensarten? Verbinde.**

| | |
|---|---|
| eine Meise haben | tief und fest schlafen |
| den inneren Schweinehund überwinden | wenn du etwas kaufst, was du vorher noch nicht gesehen hast |
| Schmetterlinge im Bauch haben | wenn jemand besonders verrückt ist und spinnt |
| eine Katze im Sack kaufen | wenn du von einer Situation überrascht bist und nicht damit gerechnet hast |
| schlafen wie ein Murmeltier | wenn du sehr aufgeregt bist und/oder verliebt |
| Ich glaub, mich tritt ein Pferd! | Wenn du auf etwas überhaupt keine Lust hast, musst du dich überwinden, um anzufangen. |

© PERSEN Verlag

## *Sätze* – Satzzeichen

**Welches Satzzeichen fehlt? Trage ein.**

Gehst du morgen mit deinen Eltern in den Zoo [?]

Jemand hat Bananen zu den Elefanten geworfen ☐

Nach dem Zoo gehen wir noch in ein Restaurant ☐

Vergiss das Tierfutter nicht ☐

Hat der Tierpfleger die Löwen schon gefüttert ☐

Es gibt im hinteren Teil noch ein Schmetterlingshaus ☐

Zwei Robben schwimmen im Wasser ☐

Der Eisbär schläft im Gehege und lässt sich von den Besuchern nicht stören ☐

Können wir noch ins Streichelgehege gehen ☐

Die Erdmännchen sind aus ihrer Erdhöhle gekommen und sonnen sich ☐

© PERSEN Verlag

## *Sätze* – Satzzeichen

**Welches Satzzeichen fehlt? Trage ein.**

Die Prinzessin hat sich an der Spindel gestochen [.]

Ist sie direkt eingeschlafen ☐

Alle Schlossbewohner fallen in einen langen Schlaf ☐

Das Schloss ist umringt von einer Dornenhecke ☐

Warum war die dreizehnte Fee so wütend ☐

Der Prinz versucht, in das Schloss zu gelangen ☐

Vergiss nicht, die Prinzessin zu retten ☐

Küsst der Prinz Dornröschen ☐

Das ganze Schloss erwacht wieder aus seinem Schlaf ☐

Das hat der Prinz gut gemacht ☐



© PERSEN Verlag

## *Sätze* – Satzzeichen

**Welches Satzzeichen fehlt? Trage ein.**

Ein Jahr hat vier verschiedene Jahreszeiten [ . ]

Heißen die Jahreszeiten Frühling, Sommer, Herbst und Winter [ ]

Ist jede Jahreszeit anders als die anderen [ ]

Im Frühling werden die Tage wieder länger und die Blumen blühen [ ]

Im Sommer wird es sehr warm und viele Früchte werden reif [ ]

Im Herbst kann es stürmisch sein [ ]

Warum fallen die Blätter von den Bäumen [ ]

Im Winter schneit es und es wird früh dunkel [ ]

Das ist aber kalt hier [ ]

Einige Tiere halten jetzt Winterschlaf [ ]

© PERSEN Verlag

## *Sätze* – Satzzeichen

**Welches Satzzeichen fehlt? Trage ein.**

Juhu, heute ist Ostern [ ! ]

Gleich nach dem Frühstück ziehen die Kinder ihre Mäntel und Schuhe an [ ]

Warum laufen sie so schnell in den Garten [ ]

Mama ruft ihnen nach: Vergesst eure Körbe nicht [ ]

Schnell laufen sie zurück und holen die Körbchen [ ]

Finden sie alle Nester direkt oder sind sie gut versteckt [ ]

In den Nestern liegen bunte Eier und Schokolade [ ]

Am Ende sind ihre Körbe gut gefüllt [ ]

Sie müssen sie vorsichtig hineintragen
und aufpassen, dass die Sachen nicht aus dem Korb fallen [ ]

Emmi und Lili verteilen alle Geschenke auf dem Tisch [ ]

© PERSEN Verlag

# *Sätze* – Lückensätze

Das kannst du!

**Welches Wort fehlt? Setze es ein.**

| Maulwurf | Klettergerüst | Zoobesuch | Angst | Ritter | Bienen | Schere | Täter | Fußball | Schlittschuh |
|---|---|---|---|---|---|---|---|---|---|

Der kleine ____Ritter____ ist mittlerweile zu groß für seine Ritterrüstung.

__________ sammeln fleißig Nektar und bringen ihn in den Bienenstock.

Leonie möchte heute basteln und holt dafür buntes Tonpapier, eine __________, einen Klebstift und eine Schnur aus der Schublade.

Der __________ hat eine Bank überfallen und ist mit dem Geld verschwunden.

Sarah und Merle laufen auf dem gefrorenen Teich __________.

Der kleine __________ hat viele Tunnel gegraben und es gibt jetzt viele Hügel in Papas Garten.

Zum Geburtstag hat Mama für Karl eine große Torte gebacken, die aussieht wie ein __________.

In der großen Pause spielen die Kinder am liebsten am __________.

Beim __________ mit Oma gehen sie als Erstes zu den Affen.

Wenn die Schnecke __________ hat, verkriecht sie sich schnell in ihr Schneckenhaus.

© PERSEN Verlag

# *Sätze* – Lückensätze

**Welches Wort fehlt? Setze es ein.**

| Brief | Schulweg | Zähne | Insekten | Geschichte | Zugvögel | Planeten | Wald | Obstsalat |
|---|---|---|---|---|---|---|---|---|

Die Körpertemperatur von ____Insekten____ passt sich im Winter an die Umgebung an und sie fallen in eine Kältestarre.

Um einen __________ zu machen, musst du das Obst erst waschen und dann klein schneiden.

Im Frühling kehren die __________ aus dem Süden zurück und die Blumen beginnen zu blühen.

Auf dem __________ machen Nele und Max eine Schneeballschlacht.

Deine __________ solltest du gut pflegen und sie morgens, mittags und abends gründlich putzen.

Am liebsten spielen die Kinder im __________ und bauen sich Verstecke aus Ästen und Laub.

In unserem Sonnensystem umkreisen acht __________ die Sonne.

Wenn Celina ihrer Oma einen __________ schreiben möchte, muss sie den Absender und Empfänger auf den Umschlag schreiben.

Jeden Abend liest Papa eine spannende __________ vor, bevor Lasse ins Bett muss.



© PERSEN Verlag

## *Sätze* – Lückensätze

**Welches Wort fehlt? Setze es ein.**

Vogel | Karneval | Internet | Gespenst | Pfannkuchen | Zirkus | Schiff | Sandburgen | Zwerge | Helm

Im ____Zirkus____ kündigt der Direktor in der Manege den Clown an.

Die sieben ________________ freuen sich auf ihren Brei und die warmen Betten.

Zu ________________ laufen in der Schule viele Prinzessinnen, Piraten und Tiere durch die Räume.

Wenn du mit deinem Fahrrad fährst, solltest du einen ________________ tragen.

Mit einem ________________ kann man zu einsamen Inseln fahren und die Ruhe genießen.

Im Schloss fliegt das kleine ________________ nachts durch die Gänge und erschrickt die Menschen.

Für den Bau seines Nestes hat der ________________ fleißig kleine Zweige gesammelt.

In den Ferien sind Florian und Merle jeden Tag am Strand und bauen ________________.

Für die ________________ brauchen Mama und Elif noch Eier und Mehl.

Heute möchte die ganze Familie ins Kino und sucht im ________________ das Kinoprogramm.

© PERSEN Verlag

## *Sätze* – Lückensätze

**Welches Wort fehlt? Setze es ein.**

Hund | Kuchen | Baumhaus | Frosch | Laterne | Taschengeld | Katze | Futter | Strauß | Rakete

Am Kiosk holt sich Hanna jede Woche ein Eis von ihrem ____Taschengeld____.

Die Königstochter ekelt sich vor dem ________________ und wirft ihn an die Wand.

Die ________________ lauert der Maus auf, macht einen großen Satz auf sie zu und fängt sie.

Mit seiner ________________ fliegt der kleine Astronaut ins All.

Noch eine Stunde muss der ________________ im Ofen backen und Paul wartet ungeduldig davor.

Zum Muttertag kaufen die Kinder ihrer Mutter einen großen ________________ Tulpen.

Der alte ________________ liegt den ganzen Tag vor seiner Hundehütte und schläft.

Im Winter bringt der Förster ________________ für die Tiere in die Krippe.

Linus und Papa basteln eine ________________ und gehen abends zum Laternenumzug.

Elias und Thomas haben sich ein ________________ gebaut und spielen dort den ganzen Tag.

© PERSEN Verlag

# Sätze – Satzhälften

**Welche Satzhälften gehören zusammen?
Trage die Buchstaben ein.**

## Der Fuchs

| | |
|---|---|
| Der Fuchs ist verwandt | [U] Allesfresser. |
| Das Fell auf der Oberseite | [S] mehreren Röhren und einem Kessel. |
| Der untere Teil des Kopfes, die Brust und der Bauch | [H] in einem Erdbau. |
| Der untere Teil der Beine | [C] auf Jagd. |
| Der Fuchs ist ein | [T] sind weiß. |
| Meist geht er in der Dämmerung und in der Nacht | [O] ist rötlich. |
| Der Fuchs lebt oft | [F] ist schwarz. |
| Der Bau besteht aus | [R] mit den Hunden. |

**Lösungswort:** R ___ ___ ___ ___ ___ ___ ___

© PERSEN Verlag

# Sätze – Satzhälften

**Welche Satzhälften gehören zusammen? Trage die Buchstaben ein.**

## Der Wasserkreislauf

| | |
|---|---|
| Im Boden befindet sich | [L] Wolken aus winzigen Wassertropfen. |
| Pflanzen nehmen dieses Wasser | [E] verdunstet dort. |
| In den Pflanzen gelangt das Wasser | [K] fallen sie als Regen zur Erde. |
| Das Wasser | [E] im Boden. |
| Es gelangt als Wasserdampf | [O] wieder ab. |
| In der Höhe kühlt die Luft | [H] zu den Blättern. |
| So entstehen | [H] Wasser. |
| Werden die Tropfen schwerer, | [O] mit ihren Wurzeln auf. |
| Dort versickern sie | [W] in die Luft und steigt mit der Luft auf. |

**Lösungswort:** H ___ ___ ___    ___ ___ ___ ___ ___


© PERSEN Verlag

# *Sätze* – Satzhälften

**Welche Satzhälften gehören zusammen? Trage die Buchstaben ein.**

## Der Mond

| | |
|---|---|
| Der Mond umkreist | [Y] vier. |
| Mit der Erde zusammen umkreist er | [M] herrschen große Temperaturunterschiede. |
| Weil er die Erde begleitet, wird er auch | [S] 29,5 Tage. |
| Der Mond ist der einzige fremde Himmelskörper, | [O] die Sonne. |
| Der Mond leuchtet nicht selbst, | [N] ändern sich zueinander. |
| Die Positionen von Erde, Mond und Sonne | [T] sind miteinander verwandt. |
| Daher sehen wir unterschiedliche | [E] sondern wird von der Sonne angestrahlt. |
| Davon gibt es | [S] Mondphasen. |
| Von Neumond zu Neumond vergehen | [E] beträgt 3476 Kilometer. |
| Die Wörter *Monat* und *Mond* | [S] die Erde. |
| Der Durchmesser des Mondes | [N] *Trabant* (Begleiter) genannt. |
| Auf seiner Oberfläche | [N] den Menschen jemals betreten konnten. |

**Lösungswort:** S __ __ __ __ __ __ __ __ __ __ __

© PERSEN Verlag

# *Sätze* – Satzhälften

*Das Lösungswort ist ein Teil des Körpers!*

**Welche Satzhälften gehören zusammen? Trage die Buchstaben ein.**

## Das menschliche Skelett

| | |
|---|---|
| Das Skelett besteht aus | [U] können wir bewegen. |
| Bei einem Neugeborenen | [L] die inneren Organe, wie die Lunge oder das Gehirn. |
| Viele Knochen wachsen | [S] für den Körper. |
| Ein erwachsener Mensch hat nur noch | [E] Funktion. |
| Das Skelett erfüllt | [Ä] seine Form. |
| Es schützt | [L] die Gelenke. |
| Das Skelett ist das Stützgerüst | [I] sind es etwa 300 Knochen. |
| Durch die Knochen bekommt unser Körper | [E] wichtige Aufgaben. |
| Das Skelett ist jedoch nicht starr. Viele Knochen | [B] etwas mehr als 200 Knochen. |
| Dafür sorgen | [W] vielen Knochen. |
| Jeder Knochen hat eine spezielle | [R] aber im Laufe der Zeit zusammen. |

**Lösungswort:** W __ __ __ __ __ __ __ __ __ __

© PERSEN Verlag

# *Sätze* – Fragen und Antworten

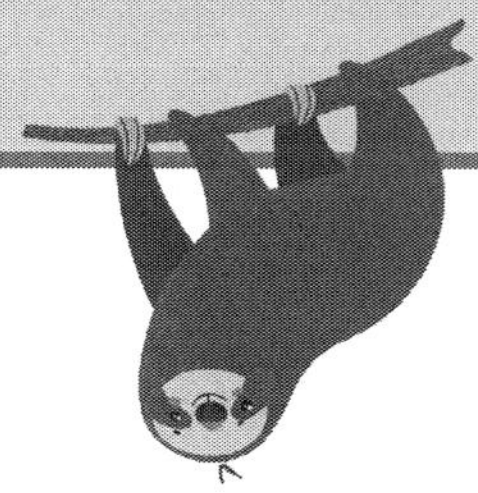

**Welche Fragen und Antworten gehören zusammen?**
**Male sie in derselben Farbe an.**

| | |
|---|---|
| Was isst du am liebsten? | Er hält Winterruhe. |
| Wie spät ist es? | Er hat einen Hamster. |
| Was machst du am liebsten? | Sie heißt Elisabeth. |
| Was kann ein Fisch besonders gut? | Es ist 8 Uhr. |
| Welche Haarfarbe hat sie? | Ihre Haare sind rot. |
| Welches Haustier hat er? | Ich spiele gerne Hockey. |
| Wie heißt deine Oma? | schwimmen |
| Was macht der Igel im Winter? | Mein Lieblingsgericht ist Nudelauflauf. |

© PERSEN Verlag

# *Sätze* – Fragen und Antworten

**Welche Fragen und Antworten gehören zusammen?**
**Male sie in derselben Farbe an.**

| | |
|---|---|
| Wie heißt das Nest des Eichhörnchens? | z. B. Frösche, Fische, Enten |
| Welche Tiere leben am Teich? | eine goldene Kugel |
| Welche Farbe hat die Uniform der Polizei? | Am liebsten lese ich Michel aus Lönneberga. |
| Was macht die Feuerwehr? | eine Augenklappe |
| Was macht ein Tierpfleger? | Sie löscht Brände. |
| Welches ist dein Lieblingsbuch? | Sie ist blau. |
| Was darf bei einem Piraten nicht fehlen? | Er füttert die Tiere und säubert das Gehege. |
| Was fällt der Prinzessin in den Brunnen? | Das Nest heißt Kobel. |



© PERSEN Verlag

**Welche Sätze passen nicht zum Bild? Streiche sie durch.**

### Die Geburstagsfeier

Auf dem Boden liegt ein Hund und schläft.

Er liegt auf einem Teppich.

Die Mutter kommt mit einem Geschenk ins Zimmer.

Am Tisch sitzen die Kinder und warten auf den Kuchen.

Es sind vier Kinder.

Der Kuchen hat sieben Kerzen.

Im Zimmer hängen viele Luftballons.

Auf dem Tisch liegen Geschenke.

Das Geburtstagskind hat ein Partyhütchen auf.

An der Wand hängen drei Bilder.

© PERSEN Verlag



**Welche Sätze passen nicht zum Bild? Streiche sie durch.**

### Im Zoo

Im Giraffengehege stehen drei Giraffen.

Niemand schaut sich die Giraffen an.

Neben dem Robbengehege ist das Toilettenhäuschen.

Eine Robbe sitzt auf einem Stein.

Die Robbe balanciert einen Ball auf der Nase.

Drei Robben schwimmen im Wasser.

Ein Mädchen füttert einen Elefanten.

Ein Elefant schaut zum Toilettenhäuschen.

Ein Kind ist zu den Robben ins Wasser gefallen.

Ein Elefant hat von einer Frau den Hut geklaut.

© PERSEN Verlag

# *Sätze* – Bildbeschreibungen

**Welche Sätze passen nicht zum Bild? Streiche sie durch.**

### In der Stadt

Ein Bus hält an der Haltestelle.

Zwei Menschen steigen aus.

Im Häuschen der Bushaltestelle sitzt eine Frau.

Ein Mann geht mit seinem Hund spazieren.

Auf dem Platz gibt es einen Blumenstand.

Der Blumenstand ist der einzige Stand.

Auf dem Platz gibt es keinen Brunnen.

Ein Radfahrer fährt an der Bushaltestelle vorbei.

Der Obst- und Gemüsestand hat einen Sonnenschirm.

Das Einkaufszentrum hat drei Etagen.

© PERSEN Verlag

# *Sätze* – Bildbeschreibungen

**Welche Sätze passen nicht zum Bild? Streiche sie durch.**

### Beim Tierarzt

Im Wartezimmer warten elf Menschen.

Alle Menschen können sitzen.

Es gibt drei Hunde im Wartezimmer.

Ein Hund hat eine Halskrause um.

Zwei Hunde müssen einen Maulkorb tragen.

Ein Mann hat ein Kaninchen dabei.

Er liest eine Zeitung.

Auf dem Boden liegt ein Ball.

An der Wand hängt ein Katzenplakat.

Der nächste Patient wird gerade aufgerufen.

© PERSEN Verlag

## *Sätze* – Falsche Sätze

**Welche Sätze stimmen nicht? Kreuze an.**

- ☐ Das Eichhörnchen sammelt im Herbst Nahrung für den Winter und versteckt sie.
- ☐ In unserem Sonnensystem umkreisen alle Planeten die Erde.
- ☐ Alle Schnecken haben ein Schneckenhaus auf dem Rücken.
- ☐ Zucker ist schädlich für die Zähne und kann Karies verursachen.
- ☐ Tulpen sind Frühblüher und kündigen den Frühling an.
- ☐ Der menschliche Körper besteht zu 70 % aus Wasser.
- ☐ In Fabeln und Märchen können die Tiere sprechen.
- ☐ Aus Wolle kann man Mützen, Schals und Socken stricken.
- ☐ Elefanten, Wale und Igel sind große Tiere.
- ☐ Wenn ich Pizza und Schokolade esse, ernähre ich mich gesund und abwechslungsreich.

© PERSEN Verlag

## *Sätze* – Falsche Sätze

**Welche Sätze stimmen nicht? Kreuze an.**

- ☐ Ein Koch fährt Schiffe in ferne Länder.
- ☐ Eichhörnchen können von Ast zu Ast springen.
- ☐ Auf dem Pausenhof ist es immer sehr still, da die Kinder dort lesen.
- ☐ Mit seinen Zähnen kann ein Biber einen Ast zernagen.
- ☐ Hunde können besonders gut riechen.
- ☐ Bäume brauchen wir zum Leben, denn sie wandeln Kohlenstoffdioxid in Sauerstoff um.
- ☐ Bei uns gibt es drei Jahreszeiten.
- ☐ Aus Getreide werden viele Lebensmittel gemacht, wie z. B. Nudeln, Brot, Kuchen.
- ☐ Die Jungen von Hausschweinen heißen Ferkel.
- ☐ Ritter lebten in Burgen und trugen eine Rüstung.

© PERSEN Verlag

# Lernzielkontrolle (1)

**Heute kannst du Fine Faultier wieder dabei begleiten, wie sie mit ihrer Freundin Odette Otter die Sprache der Tiere lernt.**

**1. Odette hat schon viel gelernt. Heute fragt sie Fine: „Gestern hat Fridolin Frosch gesagt ‚*Ich glaube mich tritt ein Pferd.*‘ Aber da war gar kein Pferd. Ist das nicht komisch?“ Fine lacht: „Das ist nur eine Redewendung. Davon gibt es noch mehr.“ Hilf Fine, Odette die Redewendungen zu erklären. Verbinde.**

| | |
|---|---|
| „im Dreieck springen“ | wenn eine Entscheidung endgültig getroffen ist |
| jemandem „stehen die Haare zu Berge“ | wenn du jemandem einen Gefallen tust, der dir zuvor geholfen hat |
| „Die Würfel sind gefallen.“ | wenn wir wütend oder zornig sind oder uns schrecklich ärgern |
| jemandem „etwas auf die Nase binden“ | wenn man kämpft, obwohl man nicht gewinnen kann |
| „Eine Hand wäscht die andere.“ | wenn jemand erschrocken oder angespannt ist |
| „gegen Windmühlen kämpfen“ | Man sollte nicht übertreiben und bei den Tatsachen bleiben. |
| „das schwarze Schaf sein“ | jemandem etwas erzählen, das dieser gar nicht wissen sollte |
| „auf dem Teppich bleiben“ | eine Person, die in der Gruppe negativ auffällt |

**2. Fine Faultier übt mit Odette Otter heute die Satzzeichen. Sie hat dafür Karten vorbereitet auf denen . ? und ! stehen. Odette weiß nicht, welche Satzzeichen sie nehmen soll. Hilf ihr und trage sie ein.**

Fine Faultier ist eine gute Lehrerin ☐

Wie kann sie Odette Otter die Satzzeichen beibringen ☐

Odette Otter muss mehr üben ☐

Wenn sie heute fertig sind, wollen die beiden ein Eis essen gehen ☐

Morgen werden sie mit dem Lesen von Texten weitermachen ☐

Ob Odette Otter das schon kann ☐

Sie muss früh mit dem Lesen anfangen ☐

Ansonsten kannst du ihr sicher helfen ☐


© PERSEN Verlag

# Lernzielkontrolle (2)

**3. Als Belohnung für das Lernen wollen Fine und Odette Eisessen gehen. Vorher haben sie noch ein paar andere Dinge zu erledigen. Wo müssen sie noch einmal entlanggehen? Schaue den Plan an. Lies die Sätze. Streiche durch, was nicht zu Fines Plan passt.**

① Fine und Odette wollen vor dem Eisessen noch in den Park.
② Fine und Odette kommen als erstes an der Apotheke vorbei.
③ Fine muss noch zur Bank.
④ Die beiden kommen an einer Kirche vorbei und gehen zum Gottesdienst.
⑤ Die beiden kommen an einem Krankenhaus vorbei.
⑥ Unterwegs möchte Fine noch einen Brief bei der Post abgeben.
⑦ Fine möchte noch Brötchen beim Bäcker kaufen.

**Dank deiner Hilfe sind Odette und Fine nun bei der Eisdiele angekommen. Das Eis haben sie sich verdient!**

© PERSEN Verlag

# *Texte* – Gedichte

**Gedichte-Rätsel. Was ist gemeint? Schreibe das Lösungswort auf.**

**Viele Blätter**

Er ist kein Baum, kein Strauch
und hat doch viele Blätter.
Du weißt, wie viel er hat.
Da braucht es keinen Hauch,
es fällt bei jedem Wetter
an jedem Tag ein Blatt.
Ist er zu guter Letzt
entblättert ganz und gar,
dann klingen unsre Gläser:
„Prosit Neujahr!“

© Josef Guggenmos[2]

**Lösungswort:** _ _ _ _ _ _ _ _

© PERSEN Verlag

# *Texte* – Gedichte

**Gedichte-Rätsel. Was ist gemeint? Schreibe das Lösungswort auf.**

**Winterrätsel**

Ich falle vom Himmel
in wirrem Gewimmel.
Ich schimmre
und flimmre
und decke das Land
zahllos wie Sand.

Doch unversehens
im Sonnenschein
schleich ich
und weich ich
und schlüpf ins Dunkel
der Erde hinein.

© Friedrich Wilhelm Güll

**Lösungswort:** _ _ _ _ _ _



© PERSEN Verlag

**Was stimmt? Kreuze an. Schreibe auf.**

### Zwei Tannenwurzeln

Zwei Tannenwurzeln groß und alt
unterhalten sich im Wald.
Was droben in den Wipfeln rauscht,
das wird hier unten ausgetauscht.
Ein altes Eichhorn sitzt dabei
und strickt wohl Strümpfe für die zwei.
Die eine sagt: knig; die andre sagt: knag;
das ist genug für einen Tag.

Christian Morgenstern

1. Die Tannenwurzeln sind …
   - ☐ groß und jung.
   - ☐ groß und alt.
   - ☐ klein und alt.

2. Die Wurzeln …
   - ☐ singen zusammen.
   - ☐ tanzen.
   - ☐ unterhalten sich.
3. Was tut das Eichhörnchen? ____________

   ____________________
4. Was sagt die eine Wurzel? ____________

   ____________________
5. Was antwortet die andere Wurzel?

   ____________________

© PERSEN Verlag

*Texte* – **Gedichte**

**Was stimmt? Kreuze an. Schreibe auf.**

### Endlich wacht die Erde auf

Endlich wacht die Erde gähnend auf,
Schneeglöckchen schauen zur Sonne hinauf.
Aus dem Gras, da hüpft ein kleines Häschen,
Stubst das Glöckchen mit dem Näschen:
„He, kling doch mal, du schönes Glöckelein,
Ich freute mich und würde glücklich sein."

© Monika Minder 2013

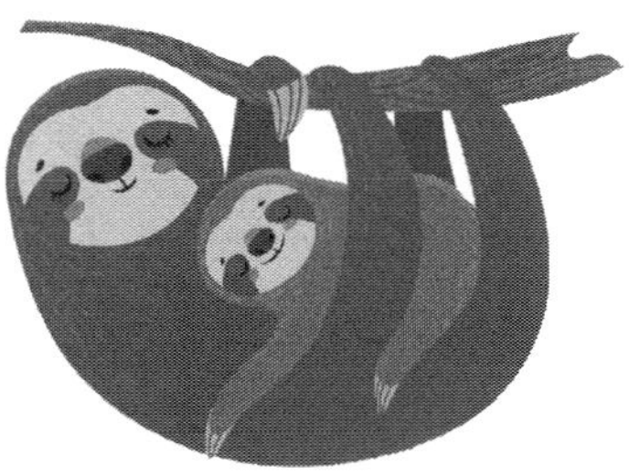

1. Wovon handelt das Gedicht?
   - ☐ Sommer
   - ☐ Herbst
   - ☐ Frühling
2. Welche Blume kommt im Gedicht vor?

   ____________________
3. Welches Tier kommt im Gedicht vor?

   ____________________
4. Was macht das Tier?

   ____________________

© PERSEN Verlag

**Ein Geburtstagsbrief. Wo findest du was? Verbinde.**

> Hamburg, 19.08.2023
>
> Liebe Oma,
> ich möchte dich zu meinem Geburtstag einladen. Mama backt einen tollen Kuchen und wir wollen ihn mit der ganzen Familie zusammen essen. Abends wollen wir im Garten grillen. Meine Freunde aus der Schule kommen nachmittags auch. Es kommt ein Zauberer und wir können selbst Zaubertricks lernen. Mit Papa möchte ich noch das ganze Wohnzimmer mit Luftballons schmücken. Komm bitte am 28.09.2023 um 15 Uhr zu mir.
> Ich freue mich schon, dich zu sehen.
>
> Liebe Grüße
> Oskar

- Ort und Datum
- Anrede
- Einleitungssatz
- Brieftext
- Abschiedsgruß
- Grüße
- Name des Absenders

© PERSEN Verlag

*Texte* – **Briefe**

**Ein Ferienbrief. Beantworte die Fragen.**

> Usedom, 01.07.2023
>
> Lieber Paul,
> ich hoffe, du hast auch so schöne Sommerferien wie ich. Ich bin mit meinen Eltern und Merle für zwei Wochen nach Usedom gefahren. Wir haben ein tolles Ferienhaus, direkt am Strand. Das Wetter ist klasse und wir können jeden Tag am Strand Sandburgen bauen. Wir waren sogar schon mit der Luftmatratze im Meer und wir haben viele Muscheln gesammelt. Für dich habe ich auch eine Muschel aufgehoben. Sie ist weiß mit dünnen, braunen Streifen.
> Ich freue mich schon, dich nach den Ferien wiederzusehen.
>
> Liebe Grüße
> Lotta

① An wen hat Lotta einen Brief geschrieben?

________________________

② Wo macht Lotta Urlaub?

________________________

③ Mit wem ist Lotta im Urlaub?

________________________

④ Welches Mitbringsel hat Lotta für Paul?

________________________

⑤ Auf welcher Insel macht Lotta Urlaub?

________________________



© PERSEN Verlag

# *Texte* – Briefe

**Ein Ferienbrief. Beantworte die Fragen.**

Gernsbach, 12.07.2023

Liebe Mama, lieber Papa,
ich schicke euch viele Grüße aus Gernsbach. Mit Oma und Opa macht es sehr viel Spaß. Gestern habe ich mit Oma einen Kuchen gebacken. Wir haben so viel rohen Teig genascht, dass wir beide Bauchschmerzen hatten.
Opa hat mir im Garten ein Baumhaus gebaut und ich durfte ihm helfen. Ich hab ihm den Hammer, das Holz und die Nägel gereicht. Opa hat viel geflucht. Die Wörter soll ich wieder vergessen, hat er gesagt. Aber ich hab sie mir trotzdem gemerkt. Morgen wollen wir zusammen wandern gehen und auf dem Berg ein Picknick machen. Dafür kaufen wir heute noch ganz viel Käse, Eier, Weintrauben, Brötchen und Butter ein.
Ich freu mich, euch nächste Woche wiederzusehen.

Eure Tilda

1. Welcher Satz steht so im Brief? Kreuze an.
   - ☐ Wir haben zwar viel rohen Teig genascht, aber wir hatten keine Bauchschmerzen.
   - ☐ Wir haben so viel Teig genascht, dass wir beide Bauchschmerzen hatten.
2. Wie steht der Satz im Brief? Vervollständige ihn:

   Opa hat mir im Garten ein ____________

   __________ gebaut und ich durfte ihm helfen.

   Ich hab ihm den ________________, das

   __________ und die ______________ gereicht.
3. Was kaufen Tilda, Oma und Opa fürs Picknick ein? Unterstreiche es im Text grün.

© PERSEN Verlag

# *Texte* – Briefe

**Ein Ferienbrief. Beantworte die Fragen.**

Hamburg, 16.06.2023

Liebe Mia,
ich hoffe, es geht dir gut! Ich freue mich schon sehr darauf, dass du mich nächste Woche besuchen kommst. Wir können hier viele tolle Sachen machen. Im Kino kommt ein schöner Film über eine kleine Hexe, den würde ich gerne mit dir anschauen.
Wir können auch in den Freizeitpark fahren und so lange Achterbahn fahren, wie wir wollen. Eine Wasserrutsche gibt es dort auch.
Du kannst bei mir im Hochbett schlafen.
Ich habe einen Betthimmel mit leuchtenden Sternen bekommen. Das ist jetzt wie in einer Höhle und sehr gemütlich.
Ich kann es kaum erwarten, dich zu sehen.

Deine Ella

1. Richtig oder falsch? Kreuze an.

| | richtig | falsch |
|---|---|---|
| Mia kommt Ella nächste Woche besuchen. | ☐ | ☐ |
| Mia bekommt dann ein eigenes Zimmer. | ☐ | ☐ |
| Ella möchte mit Mia in den Freizeitpark. | ☐ | ☐ |

2. Unterstreiche im Text grün, was Mia und Ella im Freizeitpark unternehmen können.

© PERSEN Verlag

## *Texte* – Briefe

**Persönlicher oder geschäftlicher Brief? Kreuze an.**

| | persönlich | geschäftlich |
|---|---|---|
| Lieber Paul, … | T | K |
| Hallo Emmi, … | O | E |
| Sehr geehrte Frau Peters, … | P | L |
| Wie geht es dir? | L | U |
| Lieber Herr Techau, … | O | G |
| Mit freundlichen Grüßen, … | N | E |
| Bis bald! | M | B |
| Es grüßt Sie, … | K | A |
| Auf Wiedersehen! | S | C H |
| Hi du, … | T | R |

**Lösungswort:** _ _ _ _ _ _ _ _ _ _ _ _ _ _ _!

© PERSEN Verlag

## *Texte* – Briefe

**Richtig oder falsch? Kreuze an.**

Berlin, 01.05.2023

Sehr geehrte Frau Lindgren,
ich habe das Buch „Pippi Langstrumpf“ gelesen, das Ihre Großmutter geschrieben hat. Ich mag an Pippi, dass sie so mutig ist. Ganz allein in einem Haus wohnen, ohne Eltern! Aber Pippi kommt gut zurecht. Sie ist eine tolle Freundin für Tommy und Annika. Auch gefällt mir gut, dass die drei viele Abenteuer erleben. Am besten gefällt mir die Stelle, in der Pippi dank Konrads Spezialkleber an der Decke laufen kann. Das ist wirklich witzig. Ich frage mich, wie Ihre Oma als Kind war.
War sie eher eine ängstliche Annika oder eine mutige Pippi?
Ich werde auf jeden Fall noch weitere Bücher von Astrid Lindgren lesen.

Viele Grüße
Tim

| | richtig | falsch |
|---|---|---|
| Tim schreibt an die Enkelin einer Autorin. | W | K |
| Die Autorin heißt Lindgren. | E | O |
| Tim hat ihr Buch „Michel“ gelesen. | P | I |
| Ihm gefällt, dass Pippi mutig ist. | T | U |
| Er findet aber, Pippi ist keine gute Freundin. | O | E |
| Die Freunde erleben keine Abenteuer | N | R |
| Er möchte wissen, wie die Autorin als Kind war. | S | B |
| Tim möchte noch weitere Bücher von ihr lesen. | O | A |

**Lösungswort:** _ _ _ _ _ _ _ _ _ _!



© PERSEN Verlag

# *Texte* – Vorgangsbeschreibungen

**Welche Reihenfolge ist richtig? Nummeriere.**

## Eine Raupe aus Kastanien basteln

- [ ] Mache einen Knoten am Ende und am Anfang der Raupe, damit die Kastanien nicht abrutschen.
- [ ] Die erste Kastanie sollte eine besonders dicke Kastanie sein.
- [ ] Klebe auf die erste Kastanie Augen.
- [ ] Jetzt ist deine Kastanienraupe fertig!
- [ ] Fädele die Kastanien auf die Schnur.
- [ ] Durchbohre die Kastanien mit einer Bohrmaschine.
- [1] Sammele Kastanien.
- [ ] Nimm dir eine Schnur.

© PERSEN Verlag

# *Texte* – Vorgangsbeschreibungen

**Welche Reihenfolge ist richtig? Nummeriere.**

## Eine Laterne aus Milchtüten basteln

- [ ] Bemale die Milchtüte bunt.
- [ ] Hänge den Draht an einen Holzstab mit Aufhängung.
- [ ] Schneide in die ausgewaschene Milchtüte mit einem Messer kleine Fenster und Muster.
- [1] Wasche eine Milchtüte aus.
- [ ] Zwirbele den Rand des Drahtes, damit er nicht rausrutscht.
- [ ] Jetzt ist deine Milchtüten-Laterne fertig!
- [ ] Führe einen Draht durch beide Löcher.
- [ ] Steche mit einer Nadel zwei Löcher in den oberen Rand der Milchtüte.
- [ ] Befestige am Boden der Milchtüte mit Kleber ein Teelicht.

© PERSEN Verlag

# *Texte* – Vorgangsbeschreibungen

**Welche Reihenfolge ist richtig? Nummeriere.**

### Pastinakensuppe kochen

50 g Zwiebeln, 600 g Pastinaken, 1 Liter Gemüsebrühe, 150 g Rote Beete, 250 ml Schlagsahne

☐ Pastinaken braten, würzen und dann mit Gemüsebrühe ablöschen. 15 Minuten kochen lassen.

☐ Alles zusammenmixen und mit Gewürzen abschmecken.

☐ Die rote Beete zusammen mit Sahne hinzugeben.

☐ Währenddessen rote Beete in kleine Würfel schneiden.

☐ Wenn die Zwiebeln glasig sind, Pastinaken hinzugeben.

☐ Fertig ist die Suppe! Guten Appetit!

1 Zwiebeln in kleine Würfel schneiden.

☐ Die Zwiebeln in einem Topf mit Öl dünsten, bis sie glasig sind.

© PERSEN Verlag

# *Texte* – Vorgangsbeschreibungen

**Welche Reihenfolge ist richtig? Nummeriere.**

### Eis am Stiel selbst gemacht

100 ml Schlagsahne, 175 g Himbeeren, 2 Esslöffel Zucker, 100 g Sahnejoghurt, 1 Schuss Zitronensaft

☐ Zum Entfernen die Schüsseln kurz in warmes Wasser tauchen – so lässt sich das Eis gut entfernen.

☐ Fertig ist das Eis! Lasse es dir schmecken!

☐ Du kannst das fertige Eis jetzt noch in Raspeln oder Schokosoße tauchen.

☐ Die Förmchen über Nacht ins Gefrierfach legen.

☐ Die Creme in kleine Förmchen geben und die Eisstiele hineindrücken.

☐ Joghurt, Zucker und Zitronensaft unter die geschlagene Sahne heben.

☐ Die Himbeeren zusammen mit Schokoladenraspeln unter die Sahnecreme mischen.

☐ Sahne steif schlagen.

1 Himbeeren waschen und halbieren.

☐ Die gewaschenen Himbeeren in eine Schüssel geben und mit einem Pürierstab pürieren.



© PERSEN Verlag

# *Texte* – Vorgangsbeschreibungen

**Was wird für dieses Spiel benötigt? Unterstreiche.**

Kleidungsstücke: grün    Gegenstände: rot    Lebensmittel: gelb

**Schokoladenessen**

Wickelt eine Tafel Schokolade in Zeitungspapier und verschließt sie mit Klebestreifen. Setzt euch zusammen an einen Tisch. Nehmt euch einen Würfel und würfelt reihum. Das Kind, das eine Sechs hat, muss sich so schnell wie möglich Handschuhe, einen Schal und eine Mütze anziehen. Nun kann er direkt beginnen, die eingepackte Schokolade mit Messer und Gabel zu essen. Die anderen Kinder würfeln währenddessen weiter. Sobald das nächste Kind eine Sechs gewürfelt hat, werden alle Kleidungsstücke an dieses Kind weitergegeben. Die wird so lange weitergemacht, bis die Schokolade gegessen wurde.

© PERSEN Verlag

# *Texte* – Vorgangsbeschreibungen

**Was wird für dieses Spiel benötigt? Unterstreiche.**

Kleidungsstücke: grün    Gegenstände: rot    Lebensmittel: gelb

**Ein Esel hat seinen Schwanz verloren**

Drucke ein Bild von einem Esel-Hinterteil (DIN A3) aus. Du kannst auch ein Poster nehmen oder ein Bild malen. Klebe das Bild auf eine Pinnwand. Alternativ kannst du auch eine Kork- oder Styroporplatte nehmen. Hänge die Wand/Platte mit dem Tierbild nun an die Zimmerwand. Du brauchst noch Reißzwecken, eine Augenbinde und ein Eselsschwanz, z. B. eine Kordel oder einen Schnürsenkel. Jetzt kann es losgehen!
Jedes Kind ist nacheinander an der Reihe. Ziel ist es, dem Esel mit verbundenen Augen den Schwanz an die richtige Stelle zu heften. Die anderen Kinder können durch Zurufe wie „heiß“ und „kalt“ helfen. Wer den Schwanz an die richtige Stelle geheftet hat, erhält einen kleinen Preis, z. B. ein Stück Schokolade.

© PERSEN Verlag

**Wovon handelt der Zeitungsbericht? Beantworte die Fragen.**

### 70-Jährige überfallen

Am Morgen des 15.06.2018 wurde eine 70-jährige Dame auf der Hermannstraße von einem bisher unbekannten Mann umgerissen. Dabei wurde ihre Handtasche gestohlen. Die Dame erlitt einen Schock, blieb aber unverletzt. Der Dieb konnte entkommen. Die 70-Jährige beschrieb den Mann als klein, schlank und dunkelhaarig. Hinweise zum Täter nimmt die Polizei unter der angegebenen Telefonnummer entgegen.

① **Was** ist passiert? ______________________________

② **Wo** ist es passiert? ______________________________

③ **Wann** ist es passiert? ______________________________

④ **Wie** ist es passiert? ______________________________

⑤ **Warum** ist es passiert? ______________________________

© PERSEN Verlag

*Texte* – **Zeitungsberichte**

**Wovon handelt der Zeitungsbericht? Beantworte die Fragen.**

### Mehrere Fahrräder gestohlen

Zwei unbekannte Täter haben am Tag vor Weihnachten mehrere Fahrräder in der Emilienstraße, der Forststraße, der Herderstraße und am Dienstag zwei Fahrräder in der Prinzenstraße aufgebrochen und entwendet. Laut Polizei wurden die Täter in der Prinzenstraße von einem 54-jährigen Mann beobachtet, der sofort die Polizei rief. Als die Täter ihn bemerkten, ergriffen sie die Flucht.
Nach Aussagen des 54-Jährigen sollen die Täter 1,80 Meter groß sein. Einer der Täter hatte kurze, blonde Haare und trug eine schwarze Jacke sowie schwarze Jeans.

① **Was** ist passiert? ______________________________

② **Wo** ist es passiert? ______________________________

③ **Wann** ist es passiert? ______________________________

④ **Wie** ist es passiert? ______________________________

⑤ **Warum** ist es passiert? ______________________________



© PERSEN Verlag

## Texte – Zeitungsberichte

**Hier sind zwei Zeitungsberichte durcheinandergeraten.**
**Bearbeite die Aufgaben.**

Am Mittwochnachmittag, den 22.11.2017, überquerte ein Fußgänger, der von den Elbbrücken Richtung Altona ging, eine Fußgängerampel bei Grün. Schon seit Wochen probt die Theater-AG der Theodor-Heuss-Schule ihr neues Stück. Der nach links abbiegende Autofahrer hatte die grüne Fußgängerampel übersehen. Im letzten Moment bremste er, stieß jedoch trotzdem mit dem Fußgänger zusammen. Unterstützung erhält die AG dabei von Schülern der vierten Klasse der Ludwig-Trochel-Grundschule, die das Theaterstück als Chor begleiten wird. Der Fußgänger blieb unverletzt. Der Autofahrer erlitt einen Schock und wurde ins nächste Krankenhaus gebracht. Um 19 Uhr heißt es heute Abend dann erstmals: „Vorhang auf für ‚Annas Traum'". Das Stück wird in der Turnhalle der Theodor-Heuss-Schule aufgeführt.

① Wovon handeln die Berichte? Kreuze an.
☐ Unfall ☐ Zoonachwuchs ☐ Naturschutz ☐ Theaterstück

② Unterstreiche den Bericht über den Überfall rot.

③ Unterstreiche den Bericht über das Theaterstück grün.

© PERSEN Verlag

## Texte – Zeitungsberichte

**Hier sind zwei Zeitungsberichte durcheinandergeraten.**
**Bearbeite die Aufgaben.**

Die Rückkehr der Wölfe nach Deutschland bestaunen Naturschützer und Tierfreunde. Vier Affenbabys kamen vor drei Wochen im Berliner Zoo zur Welt. Unser Industrieland scheint wieder wild genug für die schlauen Tiere. Dies ist ein großer Erfolg. Bislang können Besucher die Kleinen nur über einen Monitor beobachten. Die vier neuen Zoobewohner sind schon jetzt eine echte Attraktion. Manche Menschen sehen die Rückkehr aber skeptisch. Sie stehen am Waldrand oder hinter den Häusern, jaulen an der Bushaltestelle. Das macht manchen Menschen Angst. Die quirligen Äffchen turnen schon jetzt in den Bäumen herum, bleiben aber immer in der Nähe ihrer Mutter.

① Wovon handeln die Berichte? Kreuze an.
☐ Unfall ☐ Zoonachwuchs ☐ Naturschutz ☐ Theaterstück

② Unterstreiche den Bericht über die Wolfsrudel rot.

③ Unterstreiche den Bericht über den Zoonachwuchs grün.

© PERSEN Verlag

# *Texte* – Zeitungsberichte

**Wovon handelt der Zeitungsbericht?**
**Finde eine passende Überschrift.**

Von der Idee bis zur Fertigstellung sind fast zwei Jahre vergangen. Das Ergebnis kann sich aber sehen lassen: In Hannover-Linden wurde ein neuer Abenteuerspielplatz eröffnet. Sandkasten, Schaukel, Rutsche, Klettergerät, Wasserspiele und ein großes Spieleschiff – hier finden Kinder auf über 2000 qm alles rund um das Thema Piraten. Insgesamt sechs Erzieher und Sozialpädagogen betreuen die Kinder auf dem Spielplatz.

Der Bau hat die Stadt mehr als 30.000 € gekostet. Eine Investition, die der Bürgermeister Herr Peters jedoch gerne tätigt. Denn hier können Kinder ihre Kreativität, Fantasie und ihr Selbstvertrauen weiterentwickeln und ein gewaltfreies, soziales Miteinander erfahren.

**Überschrift:** ____________________________________________

© PERSEN Verlag

# *Texte* – Zeitungsberichte

**Wovon handelt der Zeitungsbericht?**
**Finde eine passende Überschrift.**

Am Donnerstag überreichte die Firma „Spielgeräte Hoger“ der Astrid-Lindgren-Grundschule einen Spendenscheck von 7.000 €. Damit unterstützt sie das Schulprojekt „Den Pausenhof umgestalten“. „Die Kinder sollen sich an der Schule wohlfühlen“, sagte der Firmenchef Peter Hoger. Das Geld soll die Schule bei ihren Plänen unterstützen. Es sollen neben neuen Spielgeräten auch ein Schulgarten angelegt und ein Baumhaus gebaut werden. In Zukunft will die Firma auch weitere Projekte in der Umgebung mit Spenden unterstützen.

**Überschrift:** ____________________________________________

© PERSEN Verlag

# *Texte* – Zeitungsberichte

**Richtig oder falsch? Kreuze an.**

**Ein gemeinsames Kunstwerk**

Zusammen mit der Künstlerin Pia Zittlau haben die Kinder der Lindenthal-Grundschule ein Kunstwerk in der Schule gestaltet. Das Kunstwerk ist ein Symbol für das Engagement der Schule und ruft zum Miteinander auf. Vier mal vier Meter ist das Kunstwerk groß und wurde aus vielen bunten Steinen geklebt. Der Entwurf entstand aus gemalten Bildern der Kinder. Die Künstlerin Pia Zittlau stand dem Projekt mit Begeisterung zur Seite. „Wir haben die Schulwand zu einem echten Kunstwerk gemacht“, freut sich die Künstlerin.

| | richtig | falsch |
|---|---|---|
| Kinder einer Grundschule haben gemeinsam ein Kunstwerk erstellt. | ☐ | ☐ |
| Das Kunstwerk besteht aus Mosaiksteinen. | ☐ | ☐ |
| Eine Künstlerin stand den Kindern zur Seite. | ☐ | ☐ |
| Das Kunstwerk hat den Schulhof verschönert. | ☐ | ☐ |
| Das Kunstwerk ist drei mal drei Meter groß. | ☐ | ☐ |

© PERSEN Verlag

# *Texte* – Zeitungsberichte

**Richtig oder falsch? Kreuze an.**

**Kinder bereiten gesundes Essen zu**

Die Klassen 4a und 4b der Lipphold-Grundschule haben in den vergangenen Wochen alles rund um eine gesunde Ernährung gelernt. Den Abschluss des Projektes bildete eine kleine Prüfung. Alle Kinder der beiden Klassen erhielten im Anschluss einen Ernährungsführerschein. Ein großes Fest bildete den Abschluss der Projektwochen. Dafür bereiteten die Kinder für die anderen Klassen, Lehrer, Eltern und Geschwister leckeres Essen aus Obst und Gemüse zu. „Das Projekt war ein voller Erfolg“, sagt die Klassenlehrerin Ruth Wick.

| | richtig | falsch |
|---|---|---|
| Die Kinder haben ein Projekt zum Thema „Gesunde Ernährung“ durchgeführt. | ☐ | ☐ |
| Sie mussten eine kleine Prüfung ablegen. | ☐ | ☐ |
| Leider erhielten nicht alle Kinder einen Ernährungsführerschein. | ☐ | ☐ |
| Zum Abschluss veranstalteten die Kinder ein großes Fest. | ☐ | ☐ |
| Auf dem Fest wurden Kuchen und Süßigkeiten angeboten. | ☐ | ☐ |

© PERSEN Verlag

**Lies genau. Male jeden Spatzen in der richtigen Farbe an.**

**Familie Spatz**

- ☐ Neben dem blauen Spatz sitzt nur rechts ein Spatz.
- ☐ Neben dem gelben Spatz sitzt nur links ein Spatz.
- ☐ Der grüne Spatz sitzt in der Mitte.
- ☐ Der lilafarbene Spatz ist größer als der grüne, aber kleiner als der gelbe Spatz.
- ☐ Der rote Spatz ist genauso groß wie der grüne Spatz.

© PERSEN Verlag

Texte – Rätsel

**Lies genau. Male jede Katze in der richtigen Farbe an.**
**Schreibe die Namen auf. Zeichne auch die Gegenstände.**

**Drei Katzen**

- ☐ Filou hat ein schwarzes Fell.
- ☐ Feli sitzt in der Mitte.
- ☐ Felix hat ein graues Fell und weiße Pfoten.
- ☐ Die Katze rechts heißt nicht Felix.
- ☐ Das Fell der mittleren Katze ist rotbraun.
- ☐ Feli hat gerade eine Maus gefangen.
- ☐ Neben Felix liegt ein Ball.
- ☐ Filou hat ein grünes Halsband um.

© PERSEN Verlag

# Texte – Rätsel

**Lies genau. Wer mag was? Trage ein.**

**Vier Kinder**

- ☐ Das Mädchen, das Ballett tanzt, mag Nudeln.
- ☐ Ole ist in der 3. Klasse.
- ☐ Merle mag schwimmen.
- ☐ Der Junge in der 2. Klasse mag Fußball und Pizza.
- ☐ Das Mädchen, das gerne schwimmt, ist in der 1. Klasse.
- ☐ Pia, die Ballett mag, ist in der 4. Klasse.
- ☐ Der Junge, der Eis mag, geht gerne Hockey spielen.
- ☐ Das Mädchen, das gerne schwimmen geht, mag gerne Birnen.
- ☐ Ein Junge heißt Andreas.

| Name | Klasse | Sport | Essen |
|---|---|---|---|
| | | *Ballett* | *Nudeln* |
| | | | |
| | | | |
| | | | |

© PERSEN Verlag

# Texte – Rätsel

**Lies genau. Male die Monster. In welchem Kästchen ist kein Monster?**

**Viele Monster**

- ☐ In der oberen Reihe in der Mitte steht ein gelbes Monster.
- ☐ In der unteren Reihe gibt es drei grüne Monster.
- ☐ Das Monster oben links ist blau.
- ☐ Links neben dem gelben Monster ist ein Monster mit drei Augen.
- ☐ Das Monster unten links hat vier Arme.
- ☐ Das Monster neben ihm weint.
- ☐ Unten rechts ist ein dreiäugiges Monster mit einem dreieckigen Kopf.
- ☐ Das Monster neben dem blauen Monster hat zwei Münder.

© PERSEN Verlag

# *Texte* – Rätsel

**Lies genau. Trage Namen, Verbrechen und Pulloverfarbe ein.**

**Drei Verbrecher**

- ☐ Ronni Rauber trägt nicht den grünen Pullover.
- ☐ Der Verbrecher mit dem blauen Pullover steht rechts neben dem mit dem braunen Pullover.
- ☐ Lenni Langfinger ist ein Taschendieb.
- ☐ Der Geldfälscher heißt Manni Monete.
- ☐ Manni Monete steht neben Ronni Rauber.
- ☐ Der grüne Pullover gehört nicht Manni Monete.
- ☐ Der Verbrecher mit dem braunen Pullover steht neben dem Verbrecher mit dem grünen Pullover.
- ☐ Neben dem Verbrecher mit dem braunen Pullover steht der Bankräuber.

© PERSEN Verlag

# *Texte* – Rätsel

**Lies genau. Trage die Namen der Pinguine ein.**

**Drei Pinguine**

- ☐ Der Pinguin mit dem grauen Schal steht rechts neben dem Pinguin mit dem roten Schal.
- ☐ Paul hat einen roten Fisch.
- ☐ Henri hat einen gelben Fisch.
- ☐ Paul steht direkt neben Gustav.
- ☐ Henri hat ein grünen Schal.
- ☐ Der Pinguin mit dem roten Schal steht nicht neben dem Pinguin mit dem grünen Schal.
- ☐ Neben dem Pinguin mit dem roten Schal steht der Pinguin mit dem blauen Fisch.

© PERSEN Verlag

# Texte – Sachtexte

**Lies den Text. Was hast du gelernt?**
**Fertige (auf einem extra Blatt) ein Cluster an.**

## Die Kartoffel

Kartoffeln sind nahrhaft und gesund. Sie bestehen zum größten Teil aus Wasser. Weiterhin enthalten sie Kohlenhydrate, Vitamine, Mineralien, Eiweißstoffe und Fette.

Es gibt mehr als 5000 Kartoffelsorten, die sich in Form, Farbe und Größe unterscheiden. Die Kartoffel gehört zu den Nachtschattengewächsen. Ursprünglich kommt die Kartoffelpflanze aus Südamerika. Spanische Eroberer brachten sie im 16. Jahrhundert nach Europa.

Kartoffeln sind aber nicht nur ein wichtiges Nahrungsmittel: Sie liefern der Industrie auch wichtige Rohstoffe. Die in der Kartoffel enthaltene Stärke wird auch eingesetzt in der Papierindustrie, als Klebstoff, für Kosmetik, Seife und Waschmittel.

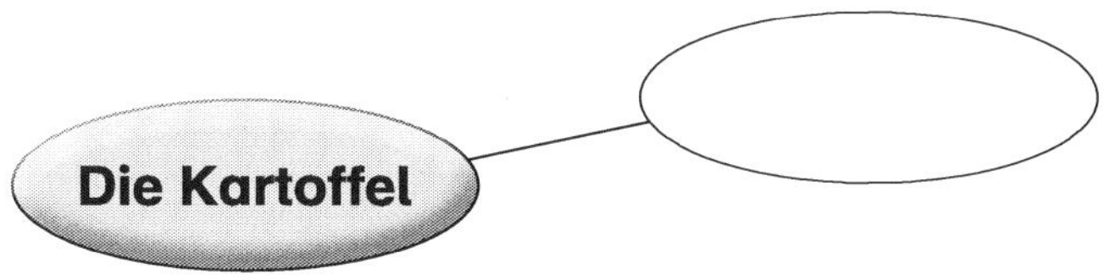


© PERSEN Verlag

# Texte – Sachtexte

**Lies den Text. Was hast du gelernt?**
**Fertige (auf einem extra Blatt) ein Cluster an.**

## Das Hausschwein

Unsere Hausschweine dienen als Nutztiere und liefern Fleisch, Fett, Leder und Borsten. Es gibt viele verschiedene Rassen, aber alle Hausschweine stammen vom Wildschwein ab.

Nur noch selten werden sie frei gehalten, da die Nachfrage nach den Produkten zu groß ist. In Massentierhaltung werden sie dicht gedrängt und ohne Zugang nach draußen gehalten.

Das männliche Hausschwein heißt Eber, das weibliche Sau. Die Jungen von Hausschweinen nennt man Ferkel. Eine Sau kann bis zu zwölf Ferkel bekommen und dies zweimal im Jahr.

Hausschweine sind Allesfresser. Die Ohren des Hausschweins hängen runter, die Haut ist fast unbehaart. Die Beine des Schweins sind kurz und der Schwanz geringelt.

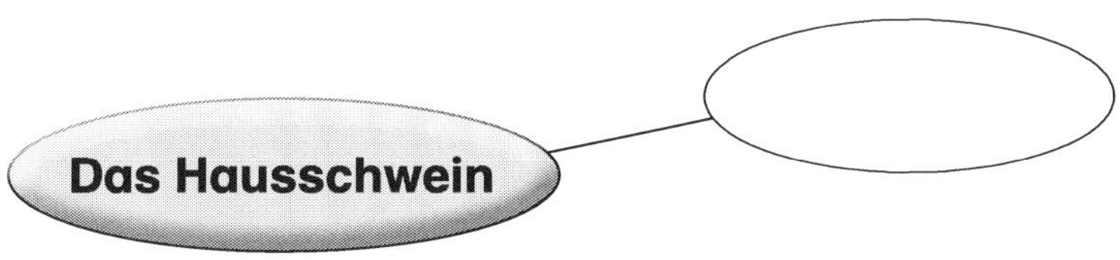


© PERSEN Verlag

**Finde Zwischenüberschriften für einzelne Abschnitte. Schreibe sie auf die Linien.**

### Das Eichhörnchen

Das Eichhörnchen gehört zu den Nagetieren. Es frisst vor allem Samen, Nüsse, Knospen, Beeren und Früchte. Mit seinen Nagezähnen kann es die harte Schale einer Nuss öffnen. Eigentlich ist das Eichhörnchen aber ein Allesfresser. Denn es frisst auch Würmer, Schnecken, Insekten, Eier und junge Vögel. Für den Winter legt es Vorräte an.

---

Eichhörnchen sind sehr gute Kletterer und sie können weit springen. Dabei hilft ihnen der buschige Schwanz, der länger ist als der Körper. Das Fell des Eichhörnchens ist kurz und kann Farben von Hellrot bis Braunschwarz haben. Der Bauch ist aber weiß.

---

Im Winter hält das Eichhörnchen Winterruhe. Es ist dann nur wenige Stunden am Tag aktiv, um zu fressen. Die übrige Zeit verbringt es in seinem Kobel – so heißt das Nest eines Eichhörnchens.

© PERSEN Verlag

Texte – Sachtexte

**Finde Zwischenüberschriften für einzelne Abschnitte.
Schreibe sie auf die Linien.**

### Der Herbst

Herbst sind die Monate September, Oktober, November. Er beginnt bei uns auf der Nordhalbkugel entweder am 22. oder am 23. September.

---

Ein Zeichen dafür, dass der Herbst anfängt, sind die reifen Holunderbeeren und Zwetschgen. Später werden Rosskastanien, Haselnüsse und Walnüsse reif und fallen vom Baum. Die Weinlese beginnt und Kartoffeln werden geerntet.

---

Besonders auffällig ist im Herbst, dass die Blätter an den Bäumen bunt werden. Wenn es Ende Oktober deutlich kälter wird, fallen die bunten Blätter zu Boden und die Bäume werden kahl.

---

Jetzt wird es schon sehr früh dunkel. Einige Vogelarten fliegen in den Süden, um der Kälte zu entkommen.



© PERSEN Verlag

# Texte – Sachtexte

**Lies den Text. Schreibe einen Tiersteckbrief.**

## Pinguine

Es gibt ca. 18 verschiedene Pinguinarten. Der größte Pinguin ist der Kaiserpinguin. Er ist ca. 115 cm hoch. Der kleinste Pinguin ist der Zwergpinguin. Er wird nur etwa 40 cm groß. Pinguine können zehn bis 20 Jahre alt werden. Sie tragen einen schwarzen Frack, einen weißen Bauch, einen Schnabel und haben kurze Füße.

Obwohl Pinguine zu den Vögeln gehören, können sie nicht fliegen. Sie sind jedoch hervorragende Schwimmer. Am liebsten essen Pinguine Fische, aber auch Garnelen oder Krebse stehen auf ihrer Speisekarte.

In der Arktis und nahe dem südlichen Polargebiet leben die meisten Pinguine. Sie können in extremer Kälte leben, denn sie besitzen eine dichte Schicht wasserdurchlässiger Federn.

Name: ______________________________

Alter: ______________________________

Aussehen: ______________________________

Nahrung: ______________________________

Lebensraum: ______________________________

© PERSEN Verlag

# Texte – Sachtexte

**Lies den Text. Schreibe einen Tiersteckbrief.**

## Erdmännchen

Erdmännchen leben in Afrika und können bis zu zehn Jahre alt werden. Sie leben in Kolonien mit bis zu 40 anderen Erdmännchen zusammen. Sie ernähren sich hauptsächlich von Insekten. Aber auch Echsen, Eier, Skorpione oder Schlangen werden verspeist. Immer ein Erdmännchen hält bei der Futtersuche Wache und stellt sich dabei auf seine Hinterbeine. Ihr Fell ist hellbraun und damit perfekt an ihre Umgebung angepasst. So ist das Erdmännchen kaum vom Boden zu unterscheiden und damit schwer für Fressfeinde zu erkennen. Sie leben in unterirdischen Gängen, die sie verlassen, wenn die Nahrung zu knapp wird.

Name: ______________________________

Alter: ______________________________

Aussehen: ______________________________

Nahrung: ______________________________

Lebensraum: ______________________________

© PERSEN Verlag

# *Texte* – Sachtexte

**Lies den Text. Bearbeite die Aufgaben.**

### Ritterturniere

Sehr beliebt waren früher bei Rittern und beim Volk sogenannte Ritterturniere, also Wettkämpfe, bei denen mehrere Ritter gegeneinander antraten. Zunächst waren die Turniere als Kampfübung für die Ritter gedacht. Später ging es aber mehr um die Show.
Das Buhut war friedlich. Hier kämpften die Ritter nur zum Schein gegeneinander.
Ganz anders sah das beim Turnei aus. Hier wurde mit scharfen Schwertern gekämpft und nicht selten kam es zu tödlichen Verletzungen. Beim Zweikampf Tjost ritten zwei Gegner aufeinander zu und versuchten, den anderen mit einer Lanze vom Sattel zu stoßen. War dies gelungen, ging der Kampf mit Schwertern auf dem Boden weiter.

① In welcher Reihenfolge kommen die Sätze im Text vor? Nummeriere.
- ☐ Das Buhut war friedlich.
- ☐ Ganz anders sah das beim Turnei aus.
- ☐ Später ging es aber mehr um die Show.
- ☐ War dies gelungen, ging der Kampf mit Schwertern auf dem Boden weiter.

② Unterstreiche Informationen über Buhut rot, Turnei blau und Tjost grün.

© PERSEN Verlag

# *Texte* – Sachtexte

**Lies den Text. Bearbeite die Aufgaben.**

### Rügen

Rügen ist die größte Insel Deutschlands. Bekannt ist Rügen für seine Kreidefelsen.
Rund 100 km ist die Kreidefelsenküste lang. Die Felsen bestehen aus abgestorbenen Seesternen, Korallen und Muscheln. Sie bildeten sich aus Schlamm auf dem Meeresgrund und wurden später zu festem Stein. Dies geschah vor ca. 80 Millionen Jahren. Auf Rügen gibt es Kreidefabriken, die die Steine gewinnen und zur Herstellung von Geschirr, Farben und Zahncreme verwenden.

① Was stimmt nicht? Kreuze an.
- ☐ Rügen ist die kleinste Insel Deutschlands.
- ☐ Bekannt ist Rügen für seine Kreidefelsen.
- ☐ Die Kreidefelsen entstanden vor 800 Jahren.
- ☐ Die Felsen bestehen aus Muscheln, Korallen und Seesternen.

② Was wird aus den Steinen der Felsen gewonnen? Unterstreiche es gelb.


© PERSEN Verlag

**Lies den Text. Bearbeite die Aufgaben.**

### Sonnenfinsternis

Nur etwa alle 400 Jahre kommt es an einem Ort zu einer totalen Sonnenfinsternis. Mitten am Tag wird es dann plötzlich dunkel, die Temperatur sinkt und es kommt häufig Wind auf. Dieser Zustand dauert aber nur wenige Minuten. Mit einer Sonnenschutzbrille kann man zu diesem Zeitpunkt eine sogenannte „Sonnenkorona", einen Strahlenkranz, der die Sonne umgibt, beobachten.

Eine Sonnenfinsternis tritt ein, wenn sich Erde, Mond und Sonne auf einer Linie befinden und der Mond, von der Erde aus gesehen, die Sonne verdeckt. Man unterscheidet zwischen vier verschiedenen Sonnenfinsternissen: die ringförmige, die gemischte, die teilweise und die totale Sonnenfinsternis.

① Was passiert auf der Erde bei einer Sonnenfinsternis? Unterstreiche es rot.

② Wann tritt die Sonnenfinsternis ein? Kreuze an.

☐ Wenn die Erde, vom Mond aus gesehen, die Sonne verdeckt.

☐ Wenn der Mond, von der Erde aus gesehen, die Sonne verdeckt.

③ Was ist eine Sonnenkorona? Unterstreiche es blau.

© PERSEN Verlag



**Lies den Text. Bearbeite die Aufgaben.**

### Kinderflüchtlinge

Kinder und Jugendliche flüchten jedes Jahr aus ihrer Heimat. Sie möchten in anderen Ländern, wie den USA oder Deutschland, ein besseres Leben beginnen. Das ist ziemlich gefährlich und eine schwierige Reise. Sie nehmen die Gefahr auf sich, weil sie in ihrem Heimatland Gewalt erfahren oder in Armut leben. Sie erhoffen sich eine bessere Zukunft. Auf der ganzen Welt fliehen Kinder alleine. Sie sind ohne ihre Eltern unterwegs.

Aus armen Ländern, wie z. B. Honduras oder Guatemala in Zentralamerika, machen sich Kinderflüchtlinge auf den Weg und fliehen unerlaubt über die Grenze in die USA. Da sie aber keine gültigen Papiere haben, werden viele Kinder wieder zurück in ihr Heimatland geschickt.

① In welcher Reihenfolge kommen die Sätze im Text vor? Nummeriere.

☐ Sie erhoffen sich eine bessere Zukunft.

☐ Das ist ziemlich gefährlich und eine schwierige Reise.

☐ Kinder und Jugendliche flüchten jedes Jahr aus ihrer Heimat.

② Warum fliehen die Kinder aus ihrem Land? Unterstreiche es rot.

③ Was erhoffen sich die Kinder in den anderen Ländern? Unterstreiche es grün.

© PERSEN Verlag

# *Texte* – Märchen

**Lies das Märchen. Bearbeite die Aufgaben.**

### Der gestiefelte Kater

Es war einmal ein Müller. Als er starb, erbte der jüngste Sohn seinen Kater. Der Kater wünschte sich Stiefel und der Sohn schenkte ihm welche. Der Kater zog die Stiefel an und ging los. Er fing ein paar Rebhühner und ging damit zum König, denn der König aß gern Rebhühner. „Die sind von meinem Herrn, dem Grafen“, sagte der Kater. Als Dank gab der König dem Kater Gold. Das brachte der Kater dem Müllerssohn. Am nächsten Tag sagte der Kater zum Müllerssohn: „Geh im See baden.“
Und er ging im See baden. Da kam die Kutsche des Königs vorbei und der Kater sagte zum König: „Die Kleidung meines Herrn ist geklaut worden.“ Da ließ der König Kleidung holen. Er nahm den Müllersohn in seine Kutsche, um ihn nach Hause zu bringen. Eilig lief der Kater voraus zum Schloss des Zauberers. Er fragte: „Kannst du dich in eine Maus verwandeln?“ Der Zauberer tat dies. Schnell fraß der Kater ihn auf. Kurz darauf kam die Kutsche am Schloss des Zauberers an. Der König dachte, das Schloss gehöre dem „Grafen“.
Da durfte der Müllerssohn die Prinzessin heiraten.

| Richtig oder falsch? Kreuze an. | richtig | falsch |
|---|---|---|
| Der jüngste Sohn erbte einen Kater. | G | A |
| Der Kater wollte keine Stiefel tragen. | E | R |
| Der Zauberer verwandelte sich in eine Maus. | A | P |
| Der Kater fraß die Maus. | F | T |

**Lösungswort:** __ __ __ __

© PERSEN Verlag

# *Texte* – Märchen

**Lies das Märchen. Bearbeite die Aufgaben.**

### Der Wolf und die sieben Geißlein

Es war einmal eine Ziege. Sie lebte mit ihren sieben Geißlein im Wald. Eines Tages musste sie Erledigungen machen. Die Kinder sollten nicht die Tür öffnen. Der Wolf klopfte an der Tür und gab sich als die Mutter aus. Die Geißlein glaubten ihm nicht. Damit seine Stimme zarter klang, fraß der Wolf Kreide. Diesmal glaubten die Geißlein ihm. Aber dann erkannten sie seine schwarzen Füße und öffneten wieder nicht die Tür. Der Wolf streute Mehl über seine Füße. Er klopfte erneut und zeigte seine weißen Füße. Da öffneten die Geißlein die Tür. Der Wolf stürmte ins Haus und fraß sechs Geißlein. Nur eins fraß er nicht. Es hatte sich in der Standuhr versteckt. Der Wolf legte sich in den Garten und schlief. Als die Mutter nach Hause kam, schlüpfte das siebte Geißlein aus seinem Versteck und erzählte der Mutter alles. Die Mutter holte ihr Nähzeug und öffnete den Bauch des Wolfes. Schnell schlüpften die Geißlein aus dem Bauch. Sie packten große Steine in den Bauch des Wolfes und nähten ihn wieder zu. Als der Wolf aufwachte und zum Trinken an den Brunnen ging, fiel er hinein, da sein Bauch so schwer war.

| Richtig oder falsch? Kreuze an. | richtig | falsch |
|---|---|---|
| Die Ziege hatte sieben Geißlein. | W | A |
| Ein Wolf wollte die Geißlein fressen. | O | R |
| Er fraß alle sieben Geißlein. | A | L |
| Danach lief der Wolf wieder in den Wald. | F | F |

**Lösungswort:** __ __ __ __

© PERSEN Verlag

# Texte – Märchen

**Was fehlt? Setze die Wörter richtig ein.**
**Wie heißt das Märchen? Schreibe auf.**

______________________________

Räuber | Stadtmusikanten | Baum | Bremen | Tisch | Wald | Haus | Licht | Hund

Ein Esel, ein ___________, eine Katze und ein Hahn wollten ___________ in Bremen werden. Aber ___________ war weit weg.
Sie machten sich auf den Weg und kamen abends in einen ___________. Sie wollten sich gerade unter einem ___________ schlafen legen, als sie plötzlich in der Ferne ein ___________ sahen. Da sie neugierig waren und Hunger hatten, beschlossen sie nachzusehen. Als sie näher kamen, sahen sie ein ___________. Darin saßen die ___________ an einem ___________ und aßen und tranken. Die Tiere überlegten, wie sie die Räuber vertreiben könnten.

© PERSEN Verlag

# Texte – Märchen

**Was fehlt? Setze die Wörter richtig ein.**
**Wie heißt das Märchen? Schreibe auf.**

______________________________

Schönste | Wahrheit | Schneewittchen | zufrieden | Frau | Spiegel | Königin

Die ___________ war eine schöne ___________. Sie war stolz und konnte es nicht leiden, wenn jemand schöner war als sie. Sie hatte einen ___________, der zu ihr sprach. Wenn sie ihn fragte: „Spieglein, Spieglein an der Wand, wer ist die ___________ im ganzen Land?“, antwortete der Spiegel: „Frau Königin, Ihr seid die Schönste im Land.“ Sie wusste, dass der Spiegel die ___________ sagte und war ___________. ___________ aber wurde immer schöner.

© PERSEN Verlag

# *Texte* – Märchen

**Was ist verschieden? Unterstreiche.**

Es war einmal eine arme Holzfäller-familie, die lebte am Rande eines Waldes. Der Junge hieß Hänsel und das Mädchen Gretel.

Die Familie hatte nicht genug zu essen. Deshalb wollte die Mutter die Kinder im Wald aussetzen. Hänsel hatte aber Kieselsteine gesammelt. Die ließ er auf den Weg fallen. So fanden die Kinder zurück nach Hause.

Es war einmal eine arme Zimmer-mannfamilie, die lebte am Rande eines Dorfes. Die beiden Mädchen hießen Gerda und Frieda.

Die Familie hatte nicht genug zu essen. Deshalb wollte der Vater die Kinder im Wald aussetzen. Gerda hatte aber Brotkrumen gesammelt. Die ließ sie auf den Weg fallen. So fanden die Kinder zurück nach Hause.

© PERSEN Verlag

# *Texte* – Märchen

**Was ist verschieden? Unterstreiche.**

Abends kam das Mädchen in einen Wald. Da traf sie ein Kind, das kein Hemdchen hatte. Das Mädchen schenkte dem Kind sein letztes Hemdchen.

Auf einmal fielen die Sterne als Taler vom Himmel. Und das Mädchen hatte wieder alle seine Sachen an. Sie sammelte die Taler und war reich bis an ihr Lebensende.

Abends kam der Junge in einen Wald. Da traf er einen Mann, der kein Hemdchen hatte. Der Junge schenkte dem Mann sein letztes Hemdchen.

Auf einmal fielen die Sterne als Taler vom Himmel. Plötzlich hatte der Junge wieder alle seine Sachen an. Er sammelte die Taler und war reich bis an sein Lebensende.



© PERSEN Verlag

**Wo enden die Sätze? Trage die Satzzeichen ein.**
**Schreibe den Satzanfang groß.**

*Ups. Da hab ich wohl die Punkte vergessen!*

### Sterntaler

Es war einmal ein kleines Mädchen, das keine Eltern mehr hatte. Sie war so arm, dass sie nur noch ihre Kleider und ein Stückchen Brot hatte da sie niemanden mehr hatte, ging sie hinaus in die Welt da begegnete ihr ein armer Mann, der Hunger hatte das Mädchen schenkte ihm das Brot danach traf sie ein Kind, dem am Kopf kalt war das Mädchen schenkte ihm seine Mütze da kam ein Kind, das kein Röckchen hatte und fror das Mädchen gab ihm sein Röckchen abends erreichte das Mädchen einen Wald dort traf sie ein Kind, das kein Hemdchen hatte das Mädchen schenkte dem Kind sein letztes Hemdchen auf einmal fielen die Sterne als Taler vom Himmel das Mädchen hatte wieder alle seine Sachen an sie sammelte die Taler und war reich bis an ihr Lebensende

© PERSEN Verlag

*Texte* – **Märchen**

**Wo enden die Sätze? Trage die Satzzeichen ein.**
**Schreibe den Satzanfang groß.**

### Dornröschen

Es waren einmal ein König und eine Königin, die bekamen eine Tochter. Der König gab ein großes Fest es kamen auch zwölf weise Frauen die dreizehnte weise Frau war wütend, weil sie nicht eingeladen war sie verfluchte das Kind es solle sich an einer Spindel stechen und tot umfallen mit 15 Jahren stach sich die Prinzessin an einer Spindel, die sie in einem Turmzimmer bei einer alten Frau fand sie schlief sofort ein und mit ihr alle Leute im Schloss eine riesige Dornenhecke wuchs um das Schloss herum nach 100 Jahren kam ein Prinz er ging in den Turm und fand Dornröschen er küsste sie sie wachte auf und mit ihr das ganze Schloss bald darauf wurde die Hochzeit gefeiert und sie lebten glücklich bis an ihr Ende

© PERSEN Verlag

## *Texte* – Fabeln

**Lies den Text. Löse das Rätsel.**

### Fabeln

In Fabeln treten meist zwei Tiere auf. Die Tiere verhalten sich darin wie Menschen – sie können sprechen und denken. Eine Fabel soll für Unterhaltung sorgen, aber auch belehren. Diese Lehre wird aber nicht direkt ausgesprochen. Der Leser soll sie selbst herausfinden.
Als Begründer der Fabeldichtung gilt Äsop, der um 600 vor Christus in Griechenland lebte.

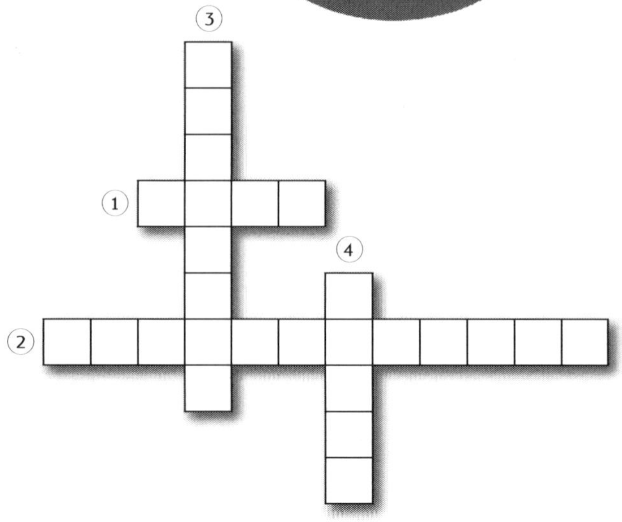


Waagerecht:
① Wie heißt der Begründer der Fabeldichtung?
② Wo lebte er?

Senkrecht:
③ Wie verhalten sich die Tiere in Fabeln? Wie …
④ Was soll die Fabel enthalten? Eine …

© PERSEN Verlag

## *Texte* – Fabeln

**Lies die Fabel. Bearbeite die Aufgaben.**

### Die Schildkröte und der Hase (nach Äsop)

Eine Schildkröte wurde wegen ihrer Langsamkeit von einem Hasen verspottet. Trotzdem wagte sie es, ihn zu einem Wettlauf herauszufordern. Der Hase fasste dies als Scherz auf, nahm aber an.

Am Tag des Laufes wurde das Ziel bestimmt und beide betraten im selben Augenblick die Laufbahn. Langsam kroch die Schildkröte auf das Ziel zu. Sie war unermüdlich.

Um die Schildkröte zu verspotten, legte der Hase sich wenige Schritte vor dem Ziel ins Gras und schlief. Er erwachte erst, als er einen lauten Jubel der Zuschauer hörte. Die Schildkröte war bereits am Ziel. Bei ihrer Rückkehr ging er zur Seite, schämte sich und gab zu, dass er zu sehr auf seine Schnelligkeit vertraut hatte. So wurde er von dem langsamsten Tier der Welt beschämt.

Welche Aussage passt zur Fabel? Kreuze an.

- ☐ Gewalt ist keine Lösung!
- ☐ Erst denken und dann handeln!
- ☐ Unterschätze nie einen Gegner!
- ☐ Beweise die Wahrheit!


© PERSEN Verlag

**Lies die Fabel. Bearbeite die Aufgaben.**

**Der Fuchs und der Ziegenbock** (nach Äsop)

Ein Fuchs fiel in einen tiefen Brunnen und konnte nicht wieder hinaufklettern. Da kam ein durstiger Ziegenbock vorbei und fragte ihn: „Schmeckt das Wasser gut?“

Der Fuchs sagte nicht, dass er in die Tiefe gestürzt war, und antwortete: „Das Wasser ist klar und erfrischend. Komm doch auch hinunter!“

Der Ziegenbock kletterte in den Brunnen und als er seinen Durst gelöscht hatte, fragte er den Fuchs, wie sie nun wieder heraufkommen sollten.

„Am besten, du stellst dich auf die Hinterbeine, stemmst die Vorderbeine gegen die Wand. Dann kann ich über deinen Rücken und deine Hörner hinaufklettern und dir auch heraushelfen“, schlug der Fuchs vor. So machten sie es und der Fuchs war kurz darauf in Freiheit. Oben am Brunnenrand tanzte er voller Freude. „Hilf mir jetzt auch hinauf“, rief der Ziegenbock. Der Fuchs aber sagte lachend: „Pech gehabt! Du hättest dir vorher überlegen müssen, wie du da wieder herauskommst.“ Dann ging der Fuchs.

Welche Aussage passt zur Fabel? Kreuze an.

- ☐ Gewalt ist keine Lösung!
- ☐ Ein blindes Huhn findet auch mal ein Korn!
- ☐ Erst denken und dann handeln!
- ☐ Räche dich nicht an Wehrlosen!

© PERSEN Verlag

*Texte* – **Fabeln**

**Lies die Fabel. Bearbeite die Aufgaben.**

**Der alte Löwe** (nach Äsop)

Ein alter Löwe lag todkrank vor seiner Höhle. Die Tiere, denen er sonst immer Angst eingejagt hatte, freuten sich darüber. Sie wollten sich an ihm rächen.

Der Fuchs kränkte ihn mit Worten und der Wolf beschimpfte ihn übel.

Der Ochse stieß ihn mit seinen Hörnern und das Wildschwein schlug ihn mit seinen Hauern.

Der Esel trat mit dem Huf nach ihm.

Nur das Pferd stand still dabei, obwohl der Löwe seine Mutter getötet hatte. „Willst du ihm nicht auch etwas antun?“, fragte der Esel.

„Nein“, sagte das Pferd. „Der alte Löwe kann sich ja nicht mal wehren.“

Welche Aussage passt zur Fabel? Kreuze an.

- ☐ Scherben bringen Glück!
- ☐ Hochmut kommt vor dem Fall!
- ☐ Räche dich nicht an Wehrlosen!
- ☐ Erst denken und dann handeln!

© PERSEN Verlag

**Lies die Fabel. Bearbeite die Aufgaben.**

**Rabe und Fuchs** (nach Martin Luther)

Ein Rabe hatte einen Käse gestohlen und flog damit auf einen Baum, um ihn zu verspeisen. Das bemerkte ein Fuchs, lief zu ihm und sprach: „O Rabe, du bist ein so wunderbarer Vogel! Wenn dein Gesang ebenso schön ist wie dein Gefieder, sollte man dich zum König aller Vögel krönen."

Der Raben freute sich so sehr über diese Schmeicheleien, dass er seinen Schnabel weit öffnete, um dem Fuchs etwas vorzusingen. Dabei fiel der Käse hinunter. Der Fuchs schnappte nach dem Käse, verschlang ihn und lachte über den leichtsinnigen Raben.

① Wie oft kommen die Wörter vor? Trage ein.

☐ Rabe ☐ Käse ☐ Fuchs

② Überlege dir drei Fragen zur Fabel.

© PERSEN Verlag



**Lies die Fabel. Bearbeite die Aufgaben.**

**Die Stadtmaus und die Feldmaus** (nach Äsop)

Einmal besuchte die vornehme Stadtmaus ihre Freundin auf dem Feld. Die Stadtmaus war enttäuscht, dass es nur Nüsse, Eicheln und Gerste bei ihrer Freundin zu essen gab. „Komm doch zu mir in die Stadt!", sagte sie. „In meinem Haus gibt es den feinsten Käse."

So ging die Feldmaus mit ihrer Freundin in die Stadt. Die Stadtmaus führte die Feldmaus in ihre Speisekammer. Die staunte, als sie all die köstlichen Speisen sah! Doch da hörten sie Geräusche an der Tür. Schnell war die Stadtmaus in ihrem Loch verschwunden. Die Feldmaus aber lief ängstlich an der Wand hin und her und piepste verzweifelt. Nirgendwo konnte sie ein sicheres Schlupfloch finden.

Als die Gefahr vorüber war, kam die Stadtmaus wieder aus ihrem Loch. „Komm!", rief sie, „Jetzt wollen wir es uns schmecken lassen!" Doch die Feldmaus hatte genug von der Stadt. Auch wenn es bei ihr nicht solche Leckerbissen gab, so war ihr Leben auf dem Feld doch viel sicherer als in der Stadt!

① Wie oft kommen die Wörter vor? Trage ein.

☐ Feldmaus ☐ Stadtmaus ☐ Freundin

② Überlege dir zwei Fragen zur Fabel.



© PERSEN Verlag

**Lies die Fabel. Bearbeite die Aufgaben.**

**Die beiden Frösche** (nach Äsop)

Zwei Frösche, deren Teiche die Sommersonne ausgetrocknet hatte, gingen auf Wanderschaft. Sie kamen an einem Bauernhof und fanden dort in der Kammer eine große Schüssel mit Milch vor. Sie hüpften sogleich hinein und ließen es sich schmecken. Als sie ihren Durst gestillt hatten und wieder ins Freie wollten, kamen sie nicht mehr heraus. Die Wand der Schüssel war zu glatt und sie rutschten immer wieder in die Milch zurück.

Viele Stunden mühten sie sich vergeblich ab und ihre Beine wurden immer schwerer. „Alles Strampeln ist umsonst. Ich geb's auf", quakte der eine. Er glitt zu Boden und ertrank. Sein Gefährte aber kämpfte verzweifelt weiter bis tief in die Nacht hinein. Da fühlte er den ersten festen Butterbrocken unter seinen Füßen. Er stieß sich mit letzter Kraft ab und war frei.

Welche Aussage passt zur Fabel? Kreuze an.

- ☐ Ein Freund wird im Stich gelassen!
- ☐ Einer sollte nachgeben!
- ☐ Du solltest nicht zu schnell aufgeben!
- ☐ Übermut tut selten gut!

© PERSEN Verlag



**Lies die Fabel. Bearbeite die Aufgaben.**

**Die beiden Ziegen** (nach A. L. Grimm)

Zwei Ziegen begegneten sich auf einem schmalen Steg, der über einen Fluss führte.

„Geh mir aus dem Weg!", sagte die eine.

„Was fällt dir ein? Ich war zuerst hier. Geh du zurück und lass mich rüber!", rief die andere.

„Niemals! Ich bin viel älter als du. Ich soll dir aus dem Weg gehen?", entgegnete die Rivalin. Keine von beiden wollte nachgeben und so kam es zum Streit. Die Ziegen stießen die Hörner gegeneinander. Beide verloren das Gleichgewicht. Sie stürzten zusammen in den reißenden Fluss. Nur mit großer Anstrengung konnten sie sich ans Ufer retten.

Welche Aussage passt zur Fabel? Kreuze an.

- ☐ Ein Freund wird im Stich gelassen!
- ☐ Übermut tut selten gut!
- ☐ Einer sollte nachgeben!
- ☐ Du solltest nicht zu schnell aufgeben!

© PERSEN Verlag

# Texte – Fabeln

**Lies die Fabel. Bearbeite die Aufgaben.**

**Die großen und die kleinen Fische** (nach Äsop)

Tief unten im Meer lebte ein Schwarm großer Fische.
Sie waren eingebildet und machten sich über die kleinen Fische lustig.

„Ihr seid nutzlos! Euch sieht man ja kaum!“, lästerten sie. Manchmal taten sie auch so, als wollten sie die kleinen Fische beschützen. Sie sagten: „Ihr Armen, ihr seid so winzig und den Gefahren des Meeres ausgeliefert!“

Eines Tages warfen Fischer ihre Netze aus und die großen Fische wurden gefangen.

Die kleinen hingegen konnten durch die Maschen der Netze hindurchschlüpfen und sich retten.

Schreibe die Sätze aus der Fabel mit direkter Rede um in Sätze mit indirekter Rede.

© PERSEN Verlag

# Texte – Fabeln

**Lies die Fabel. Bearbeite die Aufgaben.**

**Der Schwan, der Hecht und der Krebs** (nach Iwan Krylow)

Ein Schwan wollte einen Wagen ziehen. Ein Hecht und ein Krebs boten ihm ihre Hilfe an.

Der Schwan bedankte sich und die drei spannten sich vor den Karren. Doch der Wagen bewegte sich kein Stück, obwohl sich jeder von ihnen anstrengte und die Last nicht schwer war.

„Ich fliege!“, rief der Schwan, bewegte seine Flügel, um sich in die Luft zu erheben.

„Ich krieche!“, sagte der Krebs und kroch mit aller Kraft rückwärts.

„Ich springe“, blubberte der Hecht. Er zappelte, um in seinen See hinabzutauchen.

Wer war schuld daran, dass der Wagen heute noch an derselben Stelle steht?

① Schreibe die Sätze aus der Fabel mit direkter Rede um in Sätze mit indirekter Rede.

② Kannst du die Frage am Ende der Fabel beantworten?



© PERSEN Verlag

# Lernzielkontrolle (1)

**Fine Faultier und Odette Otter lernen jeden Tag fleißig zusammen lesen und schreiben. Mittlerweile kann Odette Sätze schon flüssig lesen. Nun möchten sich die beiden an Texte wagen. Fine erklärt Odette, dass es verschiedene Textsorten gibt, zum Beispiel Gedichte, Briefe, Sachtexte und Märchen. Als Beispiel hat sie selbst ein Gedicht für Odette geschrieben. Leider sind ein paar Flecken darauf geraten. Kannst du Odette helfen, die richtigen Wörter zu finden? Setze ein!**

**1. Welche Wörter fehlen? Ergänze.**

Diese Wörter helfen dir: hier | Zeilen | Bäckerei | Gedicht

Dies sind ein paar ______________________,
um dir etwas mitzuteilen.
Diesen Text nennt man ______________________,
vergiss das nicht!
Ich hab dich gern und lern mit dir,
darum bin ich öfter ______________________!
Nun ist das Gedicht vorbei
und ich muss schnell zur ______________________!

**2. Auch einen Brief hat Fine ihrer Freundin Odette geschrieben, damit diese das Lesen üben kann. Hilf Odette, den Text zu verstehen und beantworte die Fragen.**

Im Wald, 24. Oktober

Liebe Odette,
ich finde es schön, dass wir jeden Tag zusammen lesen. Auch das Eisessen mit dir macht mir Spaß. Wenn wir mit dem Lesen fertig sind, können wir zusammen rechnen. Ich habe eine große Kiste mit Bausteinen. Damit kann man wunderbar Plus und Minus rechnen. Ich würde aber auch gerne mal mit dir an einem Ast abhängen. Das wäre schön. Ich könnte das stundenlang tun. Machst du mit? Ich weiß, dass du lieber Fische fängst, dabei würde ich dich natürlich auch begleiten.
Deine Fine

① Welcher Satz steht so im Brief? Kreuze an.

- ☐ Ich habe eine große Kiste mit Bauklötzen.
- ☐ Ich habe eine große Kiste mit Bausteinen.

② Wie steht der Satz im Brief. Vervollständige ihn.

Damit kann man wunderbar Plus und

______________________

Ich würde aber auch gerne mal mit dir an

einem ______________________

© PERSEN Verlag

# Lernzielkontrolle (2)

**3. Auch einen Sachtext hat Fine Odette mitgebracht. Odette soll Zwischenüberschriften für einzelne Abschnitte finden, kannst du ihr helfen?**

**Fischotter**

Der Name Otter stammt von dem Wort „udros“ ab. Er bedeutet übersetzt „Wassertier“.

________________________________________

Fischotter gehören zu der Familie der Marder. Wie Wiesel und Marder haben sie einen langen und schlanken Körper. Ihre Beine sind ziemlich kurz. Bis zu 80.000 Haare können auf einen Quadratzentimeter (1 mal 1 cm) Haut wachsen – das ist ein sehr dichtes Fell. Fischotter haben einen flachen und breiten Kopf.

________________________________________

Der Name lässt es schon vermuten: Fischotter fressen liebend gern Fisch. Wenn sie weniger Fisch fangen können, fressen sie aber auch Wasservögel, Insekten, Schnecken, Muscheln oder Frösche. Finden sie an Land Vogeleier oder Obst, fressen sie auch das.

**4. Nun hat Odette Otter bereits ein Gedicht, einen Brief und einen Sachtext gelesen. Fine überlegt, was man noch lesen könnte: ihr Lieblingsmärchen. Hilf Odette. Lies das Märchen und bearbeite die Aufgaben.**

**Der süße Brei**

Es war einmal ein Mädchen, das lebte allein mit seiner Mutter. Sie hatten nichts mehr zu essen. Da ging das Mädchen hinaus in den Wald. Es begegnete einer alten Frau. Die schenkte ihm ein Töpfchen. Zu dem sollte es sagen: „Töpfchen, koche.“ So kochte es süßen Brei. Wenn es sagte „Töpfchen, steh.“, hörte es auf zu kochen.

Einmal war das Mädchen ausgegangen. Die Mutter sprach: „Töpfchen, koche.“ und es kochte. Sie aß sich satt. Ihr fiel aber das Wort nicht ein, damit das Töpfchen wieder aufhörte. So kochte es weiter und der Brei stieg über den Rand hinaus. Es kochte das ganze Haus voll. Dann das Nachbarhaus und die Straße. Erst als nur noch ein Haus übrig war, kam das Kind nach Hause. Es sprach: „Töpfchen, steh.“ Da hörte es auf zu kochen. Wer in die Stadt wollte, musste sich nun durch essen.

① Was muss man zum Töpfchen sagen, wenn es kochen soll? Unterstreiche es im Text grün. Was muss man zum Töpfchen sagen, wenn es aufhören soll zu kochen? Unterstreiche es im Text gelb.

② Wer hat dem Mädchen das Töpfchen geschenkt? ____________________

③ In welcher Reihenfolge stehen die Sätze im Märchen? Nummeriere.

- ☐ Erst als nur noch ein Haus übrig war, kam das Kind nach Hause.
- ☐ Einmal war das Mädchen ausgegangen.
- ☐ Es kochte das ganze Haus voll.

**Super! Odette kann jetzt schon richtig viel und das nur dank Fine und dir!**



© PERSEN Verlag